U0499133

2025 中财传媒版

年度全国会计专业技术资格考试辅导系列丛书·*注定会赢*®

初级会计实务
全真模拟试题

财政部中国财经出版传媒集团　组织编写

中国财经出版传媒集团

经济科学出版社

·北京·

图书在版编目（CIP）数据

初级会计实务全真模拟试题／财政部中国财经出版
传媒集团组织编写. -- 北京 ： 经济科学出版社，2024.
12.（2025.1重印）--（中财传媒版2025年度全国会计
专业技术资格考试辅导系列丛书）. -- ISBN 978 - 7 -
5218 - 6538 - 7

Ⅰ. F233 - 44

中国国家版本馆 CIP 数据核字第 2024AW2785 号

责任校对：易　超
责任印制：张佳裕　邱　天

初级会计实务全真模拟试题
CHUJI KUAIJI SHIWU QUANZHEN MONI SHITI
财政部中国财经出版传媒集团　组织编写
经济科学出版社出版、发行　新华书店经销
社址：北京市海淀区阜成路甲 28 号　邮编：100142
总编部电话：010 - 88191217　发行部电话：010 - 88191522
天猫网店：经济科学出版社旗舰店
网址：http：//jjkxcbs. tmall. com
北京季蜂印刷有限公司印装
787×1092　16 开　10.5 印张　230000 字
2024 年 12 月第 1 版　2025 年 1 月第 2 次印刷
ISBN 978 - 7 - 5218 - 6538 - 7　定价：38.00 元
（图书出现印装问题，本社负责调换。电话：010 - 88191545）
（打击盗版举报热线：010 - 88191661，QQ：2242791300）

前　　言

2025 年度全国会计专业技术初级资格考试大纲已经公布，辅导教材也已正式出版发行。与 2024 年度相比，新考试大纲及辅导教材的内容都有所变化。为了帮助考生准确理解和掌握新大纲和新教材的内容、顺利通过考试，中国财经出版传媒集团本着为广大考生服务的态度，严格按照新大纲和新教材内容，组织编写了中财传媒版 2025 年度全国会计专业技术资格考试辅导"注定会赢"系列丛书。

该系列丛书包含 5 个子系列，共 9 本图书，具有重点把握精准、难点分析到位、题型题量丰富、模拟演练逼真等特点。本书属于"全真模拟试题"子系列，包括 8 套试题，其题型、题量及难易程度均依照 2024 年度全国会计专业技术初级资格考试真题设计，每套试题附有参考答案、解析及依据，帮助考生增强应考冲刺能力。

中国财经出版传媒集团旗下"中财云知"App 为购买本书的考生提供线上增值服务。考生使用微信扫描封面下方的防伪码并激活下载 App 后，可免费享有课程讲解、题库练习、学习答疑、每日一练等增值服务。

全国会计专业技术资格考试是我国评价选拔会计人才、促进会计人员成长的重要渠道，是中国式现代化人才战略的重要组成部分。希望广大考生在认真学习教材内容的基础上，结合本丛书准确理解和全面掌握应试知识点内容，顺利通过 2025 年会计资格考试，在会计事业发展中不断取得更大进步，为中国式现代化建设贡献更多力量！

书中如有疏漏和不当之处，敬请批评指正。

财政部中国财经出版传媒集团

2024 年 12 月

目　录

2025 年度初级资格考试
《初级会计实务》全真模拟试题（一）

一、单项选择题（本类题共 20 小题，每小题 2 分，共 40 分。每小题备选答案中，只有一个符合题意的正确答案。多选、错选、不选均不得分。）

1. 根据会计法律制度的规定，下列各项中，不属于会计核算内容的是（　　）。
   A. 资产的增减和使用
   B. 财务成果的计算和处理
   C. 需要办理会计手续的事项
   D. 编制财务报告

2. 下列业务中，根据权责发生制的要求，应确认为本月收入或费用的是（　　）。
   A. 本月收到的上月销货款
   B. 企业预付的下季度房租
   C. 本月发生广告费，但尚未支付
   D. 根据销售合同预收的客户订金

3. 下列关于借贷记账法的说法中，不正确的是（　　）。
   A. 可以进行发生额试算平衡和余额试算平衡
   B. 以"有借必有贷，借贷必相等"作为记账规则
   C. 以"借""贷"作为记账符号
   D. 借贷记账法下借方表示增加，贷方表示减少

4. 除取得时已计入应收项目的现金股利或利息外，交易性金融资产持有期间获得的现金股利或利息应（　　）。
   A. 冲减交易性金融资产
   B. 冲减财务费用
   C. 冲减应收股利
   D. 计入投资收益

5. 某企业存货发出计价采用月末一次加权平均法。2024 年 9 月 1 日，原材料期初结存数量为 2 000 件，单价为 2 万元；9 月 5 日，发出原材料 1 500 件；9 月 17 日，购进原材料 2 000 件，单价为 2.1 万元；9 月 27 日，发出原材料 1 000 件。该企业 9 月 30 日结存原材料的实际成本为（　　）万元。
   A. 3 075
   B. 0
   C. 3 300
   D. 3 000

6. A公司2024年1月1日外购一幢建筑物，入账价值为1 000万元，自购入当日起对外出租，年租金为40万元，每年年初收取。A公司采用公允价值模式对投资性房地产进行后续计量。2024年12月31日，该建筑物的公允价值为1 040万元；2025年12月31日，该建筑物的公允价值为1 020万元；2026年1月1日，A公司出售该建筑物，售价1 050万元。不考虑所得税等其他因素，A公司处置该建筑物时影响损益的金额为（　　）万元。

  A. 10   B. 30

  C. 50   D. 40

7. 甲公司一项固定资产的原价为100万元，预计使用5年，预计净残值为5万元。按照双倍余额递减法计提折旧，那么第5年的折旧额为（　　）万元。

  A. 20   B. 8.3

  C. 40   D. 24

8. 2024年7月1日，某企业向银行借入生产经营用短期借款200万元，期限为6个月，年利率为4.5%，本金到期一次归还，利息按月计提、按季度支付，不考虑其他因素。下列各项中，该企业9月30日支付利息的会计处理正确的是（　　）。

  A. 借：财务费用   22 500

     贷：银行存款   22 500

  B. 借：财务费用   7 500

     应付利息   15 000

     贷：银行存款   22 500

  C. 借：财务费用   7 500

     短期借款   15 000

     贷：银行存款   22 500

  D. 借：短期借款   22 500

     贷：银行存款   22 500

9. 下列各项中，可通过"应付票据"核算的是（　　）。

  A. 银行汇票   B. 银行本票

  C. 银行承兑汇票   D. 转账支票

10. 某企业为增值税一般纳税人，销售商品适用的增值税税率为13%。2024年11月，该企业以自产电暖气作为非货币性福利发放给60名劳动模范，每人一台电暖器的成本为1 200元，不含增值税的市场售价为1 500元，不考虑其他因素，该企业发放电暖器应确认的应付职工薪酬为（　　）元。

  A. 90 000   B. 81 360

  C. 72 000   D. 101 700

11. 某公司2024年初所有者权益总额为2 000万元，当年实现净利润400万元，提取法定盈余公积40万元，向投资者分配现金股利40万元，本年内以资本公积转增资本100万元，投资者追加现金投资40万元。该公司2024年末所有者权益总额为（　　）

万元。

  A. 2 000   B. 2 360

  C. 2 400   D. 2 500

  12. 甲公司委托证券公司 A 发行普通股 100 000 股，每股面值为 1 元，每股发行价格为 5 元。双方协议约定，证券公司 A 收取佣金 10 000 元，并直接从发行收入中扣除，发行款项已全部存入银行。不考虑其他因素，甲公司发行股票应计入资本公积的金额为（　　）元。

  A. 500 000   B. 390 000

  C. 10 000   D. 100 000

  13. 某企业 2024 年销售商品 20 万件，并承诺未来一年当中如果产品质量出现问题给予免费修理或者更换，为此估计未来一年可能发生的产品质量保证损失为 360 万元。则该企业正确的会计处理是（　　）。

  A. 计入 2024 年的销售费用 360 万元

  B. 计入 2025 年的销售费用 360 万元

  C. 冲减 2024 年的销售收入 360 万元

  D. 增加 2024 年的存货减值损失 360 万元

  14. 2024 年度，某企业"财务费用"科目核算内容如下：短期借款利息支出 90 万元，收到流动资金存款利息收入 1 万元，支付银行承兑汇票手续费 15 万元。不考虑其他因素，2024 年度该企业应计入财务费用的金额为（　　）万元。

  A. 104   B. 90   C. 105   D. 106

  15. 下列各项中，应根据有关科目余额减去其备抵科目余额的净额填列的项目是（　　）。

  A. 短期借款   B. 预收账款

  C. 固定资产   D. 货币资金

  16. 下列关于资产负债表的表述中，不正确的是（　　）。

  A. 编制依据为基本会计等式

  B. 我国企业的资产负债表采用账户式结构

  C. 资产项目是按照流动性强弱顺序排列

  D. 负债和所有者权益是按照流动性强弱顺序排列

  17. 某企业的燃料按工时定额分配，本月燃料费为 12 000 元，甲产品生产工时为 200 小时，乙产品的生产工时为 400 小时，其中甲产品应分配的燃料费为（　　）元。

  A. 4 000   B. 8 000

  C. 3 000   D. 6 000

  18. 下列各项中，适用于生产成本在完工产品和在产品之间分配的方法是（　　）。

  A. 交互分配法   B. 定额比例法

  C. 代数分配法   D. 机器工时比例法

  19. 在财政授权支付方式下，单位收到代理银行盖章的"授权支付到账通知书"

时，根据到账通知书所列数额，财务会计应编制的会计分录为（　　）。

A. 借：库存物品

　　贷：零余额账户用款额度

B. 借：零余额账户用款额度

　　贷：财政拨款收入

C. 借：资金结存

　　贷：财政拨款预算收入

D. 借：零余额账户用款额度

　　贷：财政拨款预算收入

20. 事业单位接受捐赠取得一批存货，没有相关凭证且未经资产评估、无同类或类似资产的市场价格，则其入账金额为（　　）。

A. 公允价值　　　　　　　　　B. 名义金额

C. 现值　　　　　　　　　　　D. 历史成本

二、多项选择题（本类题共 10 小题，每小题 2 分，共 20 分。每小题备选答案中，有两个或两个以上符合题意的正确答案。少选得相应分值，多选、错选、不选均不得分。）

1. 下列各项中，不属于小企业会计准则适用范围的有（　　）。

A. 股票或债券在市场上公开交易的小企业

B. 金融机构或其他具有金融性质的小企业

C. 企业集团内的母公司

D. 企业集团内的子公司

2. 下列各项中，属于企业流动负债的有（　　）。

A. 收取客户的包装物押金

B. 销售应税消费品应交纳的消费税

C. 计提的到期一次还本付息长期借款利息

D. 赊购材料应付的货款

3. 下列各项中，关于存货期末计量，表述正确的有（　　）。

A. 期末存货应按成本与可变现净值孰低计量

B. 存货跌价损失一经确认，在以后会计期间不得转回

C. 存货跌价准备科目的期末余额一般在借方，反映企业已计提但尚未转销的存货跌价准备

D. 某种存货成本高于其可变现净值的，应计提存货跌价准备

4. A 公司为增值税一般纳税人，2024 年 5 月 1 日，一次购进了三台不同型号且具有不同生产能力的设备甲、乙、丙，取得的增值税专用发票上注明的价款为 925 万元，增值税税额为 120.25 万元，另支付包装费 75 万元（不考虑增值税），全部以银行存款转账支付。假设设备甲、乙、丙的公允价值分别为 300 万元、480 万元和 420 万元，则

下列表述正确的有（　　）。

    A. 甲设备的入账成本为 250 万元

    B. 乙设备应分配的固定资产价值比率为 40%

    C. 丙设备的入账成本为 420 万元

    D. 购进三台设备应确认的增值税进项税额为 72.15 万元

5. 关于非货币性职工薪酬，说法正确的有（　　）。

    A. 企业将拥有的房屋等资产无偿提供给职工使用的，应当根据受益对象，按照该住房的公允价值计入相关资产成本或当期损益，同时确认应付职工薪酬

    B. 难以认定受益对象的非货币性福利，直接计入当期损益和应付职工薪酬

    C. 企业租赁住房等资产供职工无偿使用的，应当根据受益对象，将每期应付的租金计入相关资产成本或当期损益，并确认应付职工薪酬

    D. 企业以其自产产品作为非货币性福利发放给职工的，应当根据受益对象，按照产品的账面价值，计入相关资产成本或当期损益，同时确认应付职工薪酬

6. 下列各项中，应通过所有者权益类相关科目核算的有（　　）。

    A. 减少注册资本

    B. 接受非关联企业现金捐赠产生的利得

    C. 用银行存款购入固定资产

    D. 回购本公司股票但尚未注销的库存股

7. 下列关于企业所得税费用的表述，正确的有（　　）。

    A. 期末应将所得税费用余额结转记入本年利润

    B. 所得税费用通过"税金及附加"科目核算

    C. 利润总额减去所得税费用为净利润

    D. 所得税费用由当期所得税和递延所得税组成

8. 下列各项中，属于现金流量表中筹资活动产生的现金流量的有（　　）。

    A. 分配股利支付的现金

    B. 偿还债券利息支付的现金

    C. 清偿应付账款支付的现金

    D. 收到的现金股利

9. 下列关于正确划分各种费用支出界限的说法，正确的有（　　）。

    A. 正确划分收益性支出和资本性支出的界限

    B. 正确划分本期成本费用与以后期间成本费用的界限

    C. 正确划分本期完工产品与下一阶段完工产品成本的界限

    D. 正确划分各种产品成本费用的界限

10. 某事业单位通过单位零余额账户转账支付一台不需要安装的台式电脑价款 8 000 元。下列该事业单位对上述业务账务处理中，正确的有（　　）。

    A. 借：固定资产——办公设备　　　　　　　　　　　　　　8 000

        贷：零余额账户用款额度　　　　　　　　　　　　　　　　8 000

　　B. 借：固定资产——办公设备　　　　　　　　　8 000
　　　　　　贷：银行存款　　　　　　　　　　　　　　　　8 000
　　C. 借：事业支出　　　　　　　　　　　　　　　　8 000
　　　　　　贷：资金结存——零余额账户用款额度　　　　8 000
　　D. 借：行政支出　　　　　　　　　　　　　　　　8 000
　　　　　　贷：资金结存——财政应返还额度　　　　　　8 000

　　三、判断题（本类题共 10 小题，每小题 1 分，共 10 分。请判断每小题的表述是否正确。每小题答题正确的得 1 分，错答、不答均不得分，也不扣分。）

　　1. 财产清查产生的损溢，在期末结账前未经股东大会或董事会等类似机构批准的，企业不得进行会计处理。　　　　　　　　　　　　　　　　　　　　　　　　（　　）

　　2. 企业当月确认出借给客户使用的包装物的摊销额，应借记"销售费用"科目。
　　　　　　　　　　　　　　　　　　　　　　　　　　　　　　　　　　　（　　）

　　3. 某企业董事会作出书面决议明确将其持有的空置建筑物对外经营租出且短期内不再发生变化，则董事会作出书面决议的当日即为投资性房地产的确认时点。（　　）

　　4. 企业按面值发行债券，应按实际收到的金额，借记"银行存款""库存现金"等科目，按债券票面价值，贷记"应付债券——面值"科目；实际收到的款项与债券票面金额的差额，借记或贷记"应付债券——利息调整"科目。　　　　　　（　　）

　　5. 除非发生减资、清算或分派现金股利，企业不需要偿还所有者权益。　（　　）

　　6. 优先股应当分类为权益工具，而永续债应当分类为金融负债。　　　（　　）

　　7. 如果选择权向客户提供了重大权利，企业应当在客户取得这些商品或服务前确认收入。　　　　　　　　　　　　　　　　　　　　　　　　　　　　　　　（　　）

　　8. 企业资产负债表中"其他综合收益"项目金额与所有者权益变动表中"综合收益总额"项目金额相等。　　　　　　　　　　　　　　　　　　　　　　　　　　（　　）

　　9. 企业根据产品的生产特点和管理要求结转成本时，可以用计划成本、标准成本、定额成本等来代替实际成本。　　　　　　　　　　　　　　　　　　　　　　（　　）

　　10. 政府财务会计要素包括资产、负债、净资产、收入、费用和利润。　（　　）

　　四、不定项选择题（本类题共 15 小题，每小题 2 分，共 30 分。每小题备选答案中，有一个或一个以上符合题意的正确答案，每小题全部选对得满分，少选得相应分值，多选、错选、不选均不得分。）

【第 1 题】

　　甲公司为增值税一般纳税人，适用的增值税税率为 13%，生产中所需 A 材料按计划成本核算。2024 年 7 月 1 日，A 材料结存 2 000 千克，计划成本为每千克 50 元，"材料成本差异"账户为借方余额 1 000 元，未计提存货跌价准备。甲公司 2024 年 7 月份发生的有关 A 材料业务如下：

　　（1）3 日，甲公司发出 1 000 千克 A 材料委托乙公司加工成产品，材料成本差异率采用期初成本差异率。

（2）12 日，甲公司持银行汇票 600 000 元购入 A 材料 10 000 千克，增值税专用发票上注明的货款为 480 000 元，增值税税额 62 400 元，对方代垫包装费和运输费 8 400 元（假定不考虑增值税），验收入库时发现短缺 50 千克，经查明为运输途中的合理损耗，按实收数量验收入库。剩余票款退回并存入银行。

（3）7 月份发出 A 材料情况如下：生产车间领用 5 000 千克，车间管理部门领用 500 千克。

（4）30 日，A 材料的可变现净值为 250 000 元，采用期初材料成本差异率。

要求：根据上述资料，不考虑其他因素，分析回答下列问题。

1. 关于存货的核算，下列说法中正确的是（　　）。

　　A. 原材料可以采用实际成本核算，也可以采用计划成本核算

　　B. 委托加工物资时支付给受托方的增值税，要计入委托加工物资的成本

　　C. 原材料期末应按照成本与可变现净值孰低计量

　　D. 原材料采用计划成本核算的，月末将发出材料计划成本调整为实际成本

2. 根据期初资料和资料（1），3 日发出的委托加工物资记入"委托加工物资"科目的金额是（　　）元。

　　A. 50 000　　　　　B. 50 010　　　　　C. 51 000　　　　　D. 50 500

3. 根据资料（2），关于 12 日购入 A 材料的入账价值的说法中，正确的是（　　）。

　　A. 记入"原材料"科目的金额是 500 000 元

　　B. 记入"原材料"科目的金额是 497 500 元

　　C. 记入"材料成本差异"科目的金额是借记 8 400 元

　　D. 记入"材料成本差异"科目的金额是贷记 9 100 元

4. 根据资料（3）和（4），下列关于原材料核算的说法中，不正确的是（　　）。

　　A. 因自然灾害毁损的原材料，进项税额不能再抵扣要转出

　　B. 应收保险公司赔偿款，记入"应收账款"科目

　　C. 生产车间生产产品耗用的原材料，记入"制造费用"科目

　　D. 车间管理部门耗用的原材料，记入"生产成本"科目

5. 根据期初资料和资料（1）至（4），下列关于甲公司 A 材料在 2024 年 7 月末的说法中，正确的是（　　）。

　　A. "原材料"科目的期末余额为 272 500 元

　　B. A 材料期末记入"存货"项目的金额为 269 775 元

　　C. A 材料期末需要计提存货跌价准备

　　D. A 材料期末不需要计提存货跌价准备

【第 2 题】

2024 年甲企业发生如下与无形资产有关的业务：

（1）3 月 1 日，该企业自行研发某项非专利技术，其中研究阶段支出 100 万元，开

发阶段支出 800 万元（其中符合资本化支出的为 500 万元）。5 月研发成功达到预定可使用状态，该项无形资产无法确定其预计使用年限。

（2）6 月 1 日，出租一项特许权，账面余额为 300 万元，已摊销 120 万元，本月应摊销 5 万元，收到本月租金 10 万元存入银行。假定适用的增值税税率为 6%。

（3）7 月 4 日，出售一项专利权，该专利权账面余额为 100 万元，已摊销 60 万元，未计提减值准备。取得收入 80 万元，税法规定此业务免税。

（4）年底，企业自行研发的非专利技术的可收回金额为 300 万元。

要求：根据上述资料，不考虑其他因素，分析回答下列问题（答案中的金额单位用万元表示）。

1. 根据资料（1），该非专利技术研发费用 3 月的账务处理正确的是（　　）。
   A. 记入"研发支出——费用化支出"的金额为 400 万元
   B. 记入"研发支出——资本化支出"的金额为 800 万元
   C. "研发支出——费用化支出"期末转入"管理费用"
   D. "研发支出——资本化支出"期末转入"无形资产"

2. 根据资料（1），下列处理正确的是（　　）。
   A. 该项非专利技术的入账价值为 800 万元
   B. 该项非专利技术应按照可使用年限和法律规定年限中较短者进行摊销
   C. 该项非专利技术应按照 10 年进行摊销
   D. 该项非专利技术不应计提摊销

3. 根据资料（2），关于企业出租特许权的处理中，正确的是（　　）。
   A. 租金 10 万元应计入其他业务收入
   B. 租金 10 万元应计入营业外收入
   C. 摊销金额 5 万元应计入其他业务成本
   D. 摊销金额 5 万元应计入营业外支出

4. 根据资料（3），出售专利权的账务处理正确的是（　　）。
   A. 记入"资产处置损益"的金额为 40 万元
   B. 记入"营业外收入"的金额为 40 万元
   C. 该业务影响营业利润 40 万元
   D. 该业务影响利润总额 40 万元

5. 根据资料（4），关于该非专利技术，下列处理正确的是（　　）。
   A. 应计提 200 万元的无形资产减值准备
   B. 影响营业利润 200 万元
   C. 计提减值准备后的账面价值为 300 万元
   D. 计提减值不影响营业利润

【第 3 题】

甲、乙、丙、丁公司均为增值税一般纳税人，适用的增值税税率为 13%，假定销售商品、原材料的成本在确认收入时逐笔结转，商品、原材料售价中不含增值税。

2024 年 6 月，甲公司发生如下交易或事项：

（1）1 日，与乙公司签订合同，向乙公司销售商品一批，该批商品售价总额为 100 万元，实际成本为 80 万元。由于成批销售，甲公司给予乙公司 10% 的商业折扣，并在销售合同中规定现金折扣条件为 2/10，1/20，N/30。计算现金折扣时不考虑增值税。甲公司基于对乙公司的了解，预计乙公司在 10 天以内付款的概率为 90%。甲公司当日发出商品并确认收入。

（2）5 日，与丙公司签订合同，采用预收款方式向丙公司销售一批商品，该批商品的实际成本为 60 万元，售价总额为 80 万元；当日收到丙公司预付商品售价总额的 50%，余款于发出商品时结清（截至月末商品尚未发出）。

（3）15 日，与丁公司签订委托代销合同，委托丁公司销售商品 100 件，每件成本为 0.8 万元，商品已经发出，合同约定，丁公司应按每件 1 万元对外销售，甲公司按商品售价的 10% 向丁公司支付手续费。丁公司有权将未售出商品退还给甲公司，甲公司也有权收回未售出商品或将商品销售给其他客户。30 日，丁公司销售商品 50 件，开出的增值税专用发票上注明的售价为 50 万元，增值税税额为 6.5 万元，款项已收到。31 日，甲公司收到丁公司代销清单并开具一张相同金额的增值税专用发票。

（4）20 日，对外销售一批原材料，增值税专用发票上注明的售价为 40 万元，增值税税额为 5.2 万元，款项已收到并存入银行，该批材料的实际成本为 30 万元。

要求：根据上述资料，不考虑其他因素，分析回答下列问题（答案中的金额单位用万元表示）。

1. 根据资料（1），下列各项中，关于甲公司 2024 年 6 月 1 日的会计处理，正确的是（　　）。

　　A. "应收账款" 科目增加 113 万元

　　B. "应收账款" 科目增加 99.9 万元

　　C. "主营业务收入" 科目增加 88.2 万元

　　D. "主营业务收入" 科目增加 100 万元

2. 根据资料（2），下列各项中，甲公司会计处理结果正确的是（　　）。

　　A. 丙公司取得商品控制权时应确认主营业务收入 80 万元

　　B. 5 日应确认主营业务收入 40 万元

　　C. 收到剩余款项并交付商品时应确认主营业务收入 40 万元

　　D. 5 日应确认合同负债 40 万元

3. 根据资料（3），下列各项中，甲公司收到丁公司代销清单时会计处理结果正确的是（　　）。

　　A. "销售费用" 科目增加 5 万元

　　B. "主营业务成本" 科目增加 40 万元

　　C. "主营业务成本" 科目增加 50 万元

　　D. "应交税费——应交增值税（销项税额）" 科目增加 6.5 万元

4. 根据资料（4），下列说法中正确的是（　　）。

A. 甲公司销售材料的收入应计入营业外收入

B. 甲公司销售材料的收入应计入其他业务收入

C. 甲公司销售材料的收入应计入主营业务收入

D. 甲公司销售材料的收入不会导致营业利润增加

5. 根据资料（1）至（4），下列各项中，甲公司 2024 年 6 月利润表中"营业利润"项目本期金额为（   ）万元。

A. 25   B. 28.2   C. 23.2   D. 30

2025 年度初级资格考试
《初级会计实务》全真模拟试题（二）

一、单项选择题（本类题共 20 小题，每小题 2 分，共 40 分。每小题备选答案中，只有一个符合题意的正确答案。多选、错选、不选均不得分。）

1. 下列各项中，属于会计基本职能的是（　　）。
   A. 预测经济前景
   B. 核算和监督
   C. 参与经济决策
   D. 评价经营业绩

2. 下列经济业务中，会引起资产和所有者权益同时增加的是（　　）。
   A. 收到银行借款并存入银行
   B. 收到投资者投入的作为出资的原材料
   C. 以转账支票归还长期借款
   D. 提取盈余公积

3. 下列各项中，需要进行全面财产清查的情形是（　　）。
   A. 企业年终决算前
   B. 原材料发生火灾受损时
   C. 包装物发生毁损时
   D. 出纳人员离职时

4. 某企业采用毛利率法对库存商品进行核算。2024 年 4 月 1 日，"库存商品"科目期初余额为 150 万元，本月购进商品一批，采购成本为 250 万元，本月实现商品销售收入 300 万元。上季度该类商品的实际毛利率为 20%。不考虑其他因素，该企业本月末"库存商品"科目的期末余额为（　　）万元。
   A. 160
   B. 100
   C. 80
   D. 110

5. 下列各项中，不属于企业存货范围的是（　　）。
   A. 已经购入但未存放在本企业的货物
   B. 已售出但货物尚未运离本企业的存货
   C. 已经运离企业但尚未售出的存货
   D. 存放在货架上的商品

6. 2024 年 3 月 1 日，甲公司以银行存款购买乙公司股票 300 万股，每股 5 元，另支付交易费用 4 万元，占乙公司 20% 的股份，能够对其施加重大影响。购买日，乙公司可辨认净资产的公允价值为 8 000 万元，不考虑其他因素，甲公司该股票的入账价值为（   ）万元。

    A. 1 604
    B. 1 500

    C. 1 600
    D. 1 504

7. 某年 7 月 1 日，甲公司将一项固定资产转为按照公允价值进行后续计量的投资性房地产，该固定资产在转换前的账面余额（原价）为 4 000 万元，已计提折旧 200 万元，已计提减值准备 100 万元，转换日的公允价值为 4 850 万元，假定不考虑其他因素，转换日甲公司应借记"投资性房地产"科目的金额为（   ）万元。

    A. 3 700
    B. 3 800

    C. 4 850
    D. 4 000

8. 6 月 1 日某企业出售一幢办公楼，该办公楼账面原价 370 万元，累计折旧 110 万元，未计提减值准备。出售取得价款 360 万元，增值税 32.4 万元，发生清理费用 10 万元。假定不考虑其他相关税费。企业出售该幢办公楼确认的净收益为（   ）万元。

    A. 10
    B. 77

    C. 90
    D. 105

9. 某企业转让一项专利权，与此有关的资料如下：该专利权的账面余额 50 万元，已摊销 20 万元，计提资产减值准备 5 万元，取得转让价款 28 万元，增值税税额 1.68 万元，款项已存入银行。假设不考虑其他因素，该企业应确认的转让无形资产净损益为（   ）万元。

    A. −2
    B. 1.6

    C. 3
    D. 8

10. 下列各项中，关于应付账款的表述不正确的是（   ）。

    A. 应付账款科目的贷方登记应付未付款项的增加

    B. 销货方代购货方垫付的运杂费等应计入购货方的应付账款入账金额

    C. 企业确实无法支付的应付账款应计入资本公积

    D. 企业采购存货如果月末发票及账单尚未到达应暂估应付账款入账

11. 某小规模纳税企业委托外单位加工一批消费税应税消费品，材料成本 50 万元，收到受托方开出的增值税普通发票注明加工费 12 万元，增值税 1.56 万元；由受托方代收代缴消费税 2 万元。该批材料加工后委托方直接出售，则该批材料加工完毕入库时的成本为（   ）万元。

    A. 64
    B. 63.56

    C. 58.5
    D. 65.56

12. 下列各项中，应通过"其他应付款"科目核算的是（   ）。

    A. 应付存入保证金
    B. 应付供货单位货款

    C. 应付职工防暑降温费
    D. 应付股东现金股利

13. 下列各项中，导致企业所有者权益总额发生增减变动的业务事项是（   ）。

A. 当年实现净利润　　　　　　　　B. 盈余公积转实收资本

C. 资本公积转实收资本　　　　　　D. 盈余公积补亏

14. 甲上市公司 2024 年 12 月 31 日的股本为 1 000 万股，面值 1 元，资本公积（股本溢价）500 万元，盈余公积 300 万元，假定甲公司回购股票 100 万股，回购价格为每股 5 元，则注销库存股时应冲减资本公积（　　）万元。

A. 200　　　　　　　　　　　　　　B. 500

C. 400　　　　　　　　　　　　　　D. 300

15. 企业在对收入金额进行计量时，需要确定交易价格。交易价格是指（　　）。

A. 合同标价

B. 应收取的对价和增值税

C. 企业因向客户转让商品而预期有权收取的对价金额

D. 合同标价和增值税

16. 甲公司 2024 年 12 月 3 日与乙公司签订产品销售合同。合同约定，甲公司向乙公司销售 A 产品 400 件，单位售价 500 元。乙公司应在甲公司发出产品后 1 个月内支付款项，乙公司收到 A 产品后 3 个月内如发现质量问题有权退货。A 产品单位成本为 400 元。甲公司于 2024 年 12 月 10 日发出 A 产品。根据历史经验，甲公司估计 A 产品的退货率为 30%。甲公司于 2024 年度财务报告批准对外报出前，A 产品尚未发生退回，假定不考虑增值税等其他因素，甲公司因销售 A 产品对 2024 年度利润总额的影响是（　　）元。

A. 0　　　　　　　　　　　　　　　B. 28 000

C. 140 000　　　　　　　　　　　　D. 40 000

17. 2024 年 12 月，某公司发生相关税金及附加如下：城市维护建设税为 3.5 万元，教育费附加为 1.5 万元，房产税为 20 万元，车船税为 3 万元，不考虑其他因素，2024 年 12 月"税金及附加"科目本期金额为（　　）万元。

A. 25　　　　　　　　　　　　　　B. 23

C. 28　　　　　　　　　　　　　　D. 5

18. "应付账款"科目所属明细科目的期末余额在借方，填制资产负债表时应将其借方余额列入的资产负债表项目是（　　）。

A. 应收账款　　　　　　　　　　　B. 预收账款

C. 应付账款　　　　　　　　　　　D. 预付账款

19. 甲企业生产 A 产品有两道工序，第一道工序要 360 小时，第二道工序要 240 小时，已知第一道工序没有在产品，第二道工序在产品 250 件，本工序内平均完工进度是 65%，第二道工序在产品的约当产量是（　　）件。

A. 130　　　　　　　　　　　　　　B. 160

C. 215　　　　　　　　　　　　　　D. 250

20. 某事业单位收到同级财政部门批复的分月用款计划及代理银行盖章的"财政授权支付到账通知书"，按照通知书中所列的金额编制会计分录。下列关于该事业单位财务会计的账务处理的说法，正确的是（　　）。

　　A. 借记"财政拨款收入"科目

　　B. 贷记"财政拨款预算收入"科目

　　C. 借记"资金结存——零余额账户用款额度"科目

　　D. 借记"零余额账户用款额度"科目

二、多项选择题（本类题共 10 小题，每小题 2 分，共 20 分。每小题备选答案中，有两个或两个以上符合题意的正确答案。少选得相应分值，多选、错选、不选均不得分。）

1. 下列各项中，对企业会计准则体系表述正确的有（　　）。

　　A. 我国企业会计准则体系由基本准则、具体准则、准则解释和会计处理规定构成

　　B. 准则解释是具体准则制定的依据

　　C. 基本准则在企业会计准则体系中起统驭作用

　　D. 具体准则用来规范企业各项具体业务事项的确认、计量和报告

2. 下列各项中，应通过"其他应收款"账户核算的有（　　）。

　　A. 应收出租包装物租金　　　　　　B. 支付的包装物押金

　　C. 应收的各种赔款　　　　　　　　D. 应收提供劳务款

3. "固定资产清理"账户借方的核算内容包括（　　）。

　　A. 转入清理的固定资产的净值　　　B. 发生的清理费用

　　C. 结转的固定资产清理净损失　　　D. 结转的固定资产清理净收益

4. 下列关于投资性房地产后续计量的表述中，正确的有（　　）。

　　A. 采用公允价值模式进行后续计量的投资性房地产，资产负债表日公允价值高于其账面余额的差额应计入公允价值变动损益

　　B. 采用公允价值模式进行后续计量的投资性房地产，不应计提折旧或摊销

　　C. 已经计提减值准备的投资性房地产，其减值损失在持有期间内不得转回

　　D. 采用成本模式进行后续计量的投资性房地产，计提的折旧或摊销应计入管理费用

5. 甲公司为本公司副总裁以上的 5 名高级管理人员每人租赁一套高级公寓，每月租金为 8 000 元（含税）。不考虑其他因素，甲公司下列会计处理正确的有（　　）。

　　A. 确认为职工租赁住房的非货币性福利时：

　　借：管理费用　　　　　　　　　　　　　　　　　　　　　　40 000

　　　　贷：应付职工薪酬　　　　　　　　　　　　　　　　　　　　40 000

　　B. 确认为职工租赁住房的非货币性福利时：

　　借：管理费用　　　　　　　　　　　　　　　　　　　　　　40 000

　　　　贷：其他应付款　　　　　　　　　　　　　　　　　　　　　40 000

　　C. 支付租金时：

　　借：应付职工薪酬　　　　　　　　　　　　　　　　　　　　40 000

　　　　贷：银行存款　　　　　　　　　　　　　　　　　　　40 000
　　D. 支付租金时：
　　　　借：其他应付款　　　　　　　　　　　　　　　　　　40 000
　　　　　　贷：银行存款　　　　　　　　　　　　　　　　　　40 000

6. 企业发生赊购商品业务，下列各项中影响应付账款入账金额的有（　　　）。
　　A. 购入商品的价款
　　B. 购入商品支付的增值税进项税额
　　C. 租入包装物应付的租金
　　D. 销货方代垫运杂费

7. 下列各项中，属于资本公积来源的有（　　　）。
　　A. 从净利润中提取　　　　　　　　B. 盈余公积转入
　　C. 资本溢价　　　　　　　　　　　D. 股本溢价

8. 下列各项中，期末需要转入"本年利润"科目的有（　　　）。
　　A. 主营业务收入　　　　　　　　　B. 主营业务成本
　　C. 生产成本　　　　　　　　　　　D. 制造费用

9. 下列各项中，影响利润表"营业成本"项目本期金额的有（　　　）。
　　A. 销售原材料成本
　　B. 转销已售商品相应的存货跌价准备
　　C. 出租非专利技术的摊销额
　　D. 出售商品的成本

10. 下列各项中，属于政府会计主体非流动资产的有（　　　）。
　　A. 政府储备资产　　　　　　　　　B. 公共基础设施
　　C. 文物文化资产　　　　　　　　　D. 自然资源资产

三、判断题（本类题共 10 小题，每小题 1 分，共 10 分。请判断每小题的表述是否正确。每小题答题正确的得 1 分，错答、不答均不得分，也不扣分。）

1. 会计监督可分为单位内部监督、国家监督两部分。　　　　　　　　　（　　）

2. 未设置会计机构和会计岗位的单位，可以采取委托代理记账机构或者财政部规定的其他方式组织会计工作，推进会计信息化应用。　　　　　　　　　（　　）

3. 企业发生经济业务需要支付现金时，可以从本单位的现金收入中直接安排支付。
　　　　　　　　　　　　　　　　　　　　　　　　　　　　　　　　（　　）

4. 同一控制下企业合并形成的长期股权投资，合并成本与合并对价账面价值之间的差额，应计入当期损益。　　　　　　　　　　　　　　　　　　　　（　　）

5. 企业提前解除劳动合同给予职工解除劳动关系的补偿，应通过"应付职工薪酬——辞退福利"科目核算。　　　　　　　　　　　　　　　　　　　　（　　）

6. 其他权益工具包括普通股、优先股、永续债等。　　　　　　　　　　（　　）

7. 对于制造企业而言，其临时出租包装物和设备、出售无形资产等实现的收入应

通过"其他业务收入"科目核算。 （　　）

8. 资产负债表中确认的资产都是企业拥有所有权的资产。 （　　）

9. 采用各种成本计算方法计算产品成本，各月末都要在完工产品与月末在产品之间分配费用。 （　　）

10. 单独计价入账的土地，需要按月计提折旧。 （　　）

四、不定项选择题（本类题共 15 小题，每小题 2 分，共 30 分。每小题备选答案中，有一个或一个以上符合题意的正确答案，每小题全部选对得满分，少选得相应分值，多选、错选、不选均不得分。)

【第 1 题】

甲公司为增值税一般纳税人，当年发生有关金融资产业务如下：

（1）1 月 1 日，委托证券公司购入乙公司股票 100 万股，实际支付价款 100.3 万元，其中含交易费用 5 万元，取得增值税专用发票上注明的增值税税额为 0.3 万元；甲公司将其划分为交易性金融资产。

（2）3 月 4 日，乙公司宣告以每股 0.3 元发放上年度的现金股利。4 月 2 日，甲公司收到乙企业向其发放的现金股利。

（3）6 月 30 日，甲公司持有的乙公司股票公允价值为 80 万元。

（4）12 月 31 日，甲公司持有的乙公司股票公允价值为 102 万元。

要求：根据上述资料，不考虑其他因素，分析回答下列问题（答案中的金额单位用万元表示）。

1. 根据资料（1），该交易性金融资产的初始入账价值为（　　）万元。

A. 90　　　　　　　　　　　　B. 105

C. 100　　　　　　　　　　　　D. 95

2. 根据资料（2），会计处理正确的是（　　）。

A. 宣告股利时确认投资收益 30 万元

B. 实际收到股利时确认投资收益 30 万元

C. 实际收到股利时影响营业利润 30 万元

D. 宣告股利时确认应收股利 30 万元

3. 根据资料（3），下列会计处理正确的是（　　）。

A. 贷记交易性金融资产 15 万元

B. 借记公允价值变动损益 20 万元

C. 借记投资收益 15 万元

D. 贷记交易性金融资产 20 万元

4. 根据资料（4），甲公司会计处理结果表述正确的是（　　）。

A. 计入公允价值变动损益的金额为 22 万元

B. 计入公允价值变动损益的金额为 7 万元

C. 计入投资收益的金额为 22 万元

D. 该事项不影响当期损益

5. 根据资料（1）至（4），影响甲公司当年营业利润的金额是（　　）万元。

　　A. 17　　　　　　　　　　　　B. 37

　　C. 32　　　　　　　　　　　　D. 25

【第 2 题】

某公司是一家生产加工型企业，2024 年发生的与现金及现金等价物相关的业务如下：

（1）本年以银行存款支付购入工程物资款 240 万元，购入生产设备款 190 万元，支付材料加工劳务费 50 万元，预付下年原材料款 720 万元，支付工程建造款 600 万元，支付上年的材料采购款 700 万元。

（2）本年赊购原材料 350 万元。

（3）以银行存款发放本年工资、奖金、津贴等，其中生产车间生产人员薪资 300 万元，生产车间管理人员薪资 80 万元，企业管理人员薪资 50 万元，销售人员薪资 140 万元，在建工程人员薪资 50 万元。

（4）该公司当年实现现金收入 2 300 万元，确认赊销款 500 万元，收到上年的赊销款 700 万元，因发生销售退回支付销售退款 70 万元。

要求：根据上述资料，不考虑其他因素，分析回答下列小题（答案中的金额单位用万元表示）。

1. 下列属于现金流量表中"现金及现金等价物"的是（　　）。

　　A. 出纳保管的现金

　　B. 银行账户中的活期存款

　　C. 三个月内到期的国债

　　D. 准备近期出售的股票投资

2. 根据资料（1）和（2），该公司 2024 年现金流量表中"购买商品、接受劳务支付的现金"项目本期金额为（　　）万元。

　　A. 1 470　　　　　　　　　　　B. 1 420

　　C. 1 820　　　　　　　　　　　D. 1 770

3. 根据资料（1）和（3），该公司 2024 年现金流量表中"购建固定资产、无形资产和其他长期资产支付的现金"项目本期金额为（　　）万元。

　　A. 1 030　　　　　　　　　　　B. 890

　　C. 1 080　　　　　　　　　　　D. 840

4. 根据资料（3），该公司 2024 年现金流量表中"支付给职工以及为职工支付的现金"项目本期金额为（　　）万元。

　　A. 270　　　　　　　　　　　　B. 310

　　C. 610　　　　　　　　　　　　D. 570

5. 根据资料（1）至（4），该公司 2024 年经营活动产生的现金流量净额为（　　）万元。

A. 1 460　　　　　　　　　　B. 890

C. 850　　　　　　　　　　　D. 1 150

【第3题】

某企业为工业企业，主要生产甲、乙两种产品。该企业采用品种法计算产品成本，适用的增值税税率为13%，2024年1月份，该企业发生有关经济业务如下：

（1）1月份开始生产甲、乙产品，当月投产甲产品270件，耗用材料4 500千克；投产乙产品240件，耗用材料4 000千克，材料每千克成本为30元，材料在生产开始时一次投入。

（2）1月份发生生产工人薪酬200 000元，总部管理人员薪酬50 000元，制造费用100 000元，期末按生产工时比例在甲、乙产品之间分配职工薪酬和制造费用。当月，甲、乙产品的生产工时分别为750小时和250小时。

（3）月末，按约当产量比例法在完工产品和在产品之间分配材料费用、职工薪酬和制造费用。当月甲产品完工230件，月末在产品40件，在产品完工程度为50%；乙产品完工180件，月末在产品60件，在产品完工程度为50%。

要求：根据上述资料，不考虑其他因素，分析回答下列问题（答案中的金额单位用元表示）。

1. 根据资料（1），下列各项中，有关甲、乙产品耗用原材料的表述正确的是（　　）。

A. 生产产品领用原材料，借记"生产成本"科目，贷记"原材料"科目

B. 生产产品领用原材料，借记"制造费用"科目，贷记"原材料"科目

C. 甲产品的材料费用为135 000元

D. 乙产品的材料费用为120 000元

2. 根据资料（2），下列各项中，有关甲、乙产品应负担的职工薪酬和制造费用的说法正确的是（　　）。

A. 甲产品应负担的职工薪酬为100 000元

B. 甲产品应负担的制造费用为75 000元

C. 乙产品应负担的职工薪酬为50 000元

D. 乙产品应负担的制造费用为45 000元

3. 根据资料（1）至（3），下列各项中，有关甲产品完工产品成本的说法，正确的是（　　）。

A. 直接材料费用为135 000元

B. 直接人工费用为138 000元

C. 制造费用为68 000元

D. 产品成本总额为322 000元

4. 根据资料（1）至（3），下列各项中，有关乙产品完工产品成本的说法，正确的是（　　）。

A. 直接人工费用为42 840元

B. 直接材料费用为 69 000 元

C. 产品成本总额为 154 260 元

D. 制造费用为 25 200 元

5. 该企业在确定是否采用约当产量比例法时，应考虑的因素是（　　　）。

A. 各项成本比重大小

B. 产品数量多少

C. 定额管理基础好坏

D. 各月在产品数量变化大小

2025 年度初级资格考试
《初级会计实务》全真模拟试题（三）

一、单项选择题（本类题共 20 小题，每小题 2 分，共 40 分。每小题备选答案中，只有一个符合题意的正确答案。多选、错选、不选均不得分。）

1. 甲公司 2024 年 12 月的办公楼的租金费用为 200 万元，用银行存款支付 180 万元，20 万元未付。按照权责发生制和收付实现制在 12 月应分别确认费用（　　）万元。

 A. 180、20   B. 20、180

 C. 200、180   D. 180、200

2. 下列关于会计职业道德与会计法律制度之间的关系表述中，错误的是（　　）。

 A. 会计法律制度是会计职业道德的重要补充

 B. 会计法律制度是会计职业道德的最低要求

 C. 二者相互补充、相互协调

 D. 二者相互渗透、相互吸收

3. 某企业月末银行存款日记账的余额为 420 万元，银行对账单的余额为 600 万元。经逐笔核对，发现当期存在以下未达账项：企业签发转账支票 80 万元，对方尚未送存银行；银行代企业收取销售货款 100 万元并登记入账，但企业未收到收款通知。月末该企业编制的银行存款余额调节表中调节后的存款余额为（　　）万元。

 A. 520   B. 500

 C. 420   D. 680

4. 下列各项中，企业应通过"其他应收款"科目核算的是（　　）。

 A. 应收代职工垫付的房租、水电费、医药费等

 B. 应收被投资单位宣告分配的现金股利

 C. 销售商品应收取的增值税

 D. 为购货单位垫付的运杂费

5. 甲公司对其购入债券的业务管理模式是以收取合同现金流量为目标。该债券的合同条款规定，在特定日期产生的现金流量，仅为对本金和以未偿付本金金额为基础的利息的支付。不考虑其他因素，甲公司应将该债券投资分类为（　　）。

A. 其他货币资金

B. 以公允价值计量且其变动计入其他综合收益的金融资产

C. 以公允价值计量且其变动计入当期损益的金融资产

D. 以摊余成本计量的金融资产

6. 2024 年 1 月 1 日，甲公司以银行存款 2 500 万元取得乙公司 20% 有表决权的股份，对乙公司具有重大影响，采用权益法核算。乙公司当日可辨认净资产的账面价值为 12 000 万元，各项可辨认资产、负债的公允价值与其账面价值均相同。乙公司当年度实现的净利润为 1 000 万元。不考虑其他因素，12 月 31 日，甲公司该项投资在资产负债表中应列示的年末余额为（   ）万元。

    A. 2 500   B. 2 400

    C. 2 600   D. 2 700

7. 某企业 2024 年 6 月 20 日自行建造的一条生产线投入使用，该生产线建造成本为 740 万元，预计使用年限为 5 年，预计净残值为 20 万元。在采用年数总和法计提折旧的情况下，当年该生产线应计提的折旧额为（   ）万元。

    A. 240   B. 140

    C. 120   D. 148

8. 2024 年 9 月 1 日，甲企业向银行借入资金 350 万元用于生产经营，借款期限为 3 个月，年利率为 6%，到期一次还本付息，利息按月计提，下列各项中，关于该借款相关科目的会计处理结果正确的是（   ）。

    A. 借入款项时，借记"短期借款"科目 350 万元

    B. 借款到期归还本息时，贷记"银行存款"科目 355. 25 万元

    C. 每月预提借款利息时，贷记"财务费用"科目 5. 25 万元

    D. 每月预提借款利息时，借记"应付利息"科目 1. 75 万元

9. 下列各项中，企业应通过"应付票据"科目核算的是（   ）。

    A. 签发商业承兑汇票支付的商品采购款

    B. 按购货合同以转账支票预付的货款

    C. 申请签发银行承兑汇票支付的手续费

    D. 用信用卡支付的商品采购款

10. 下列各项中，不通过"应交税费"科目核算的是（   ）。

    A. 开立并使用账簿交纳的印花税

    B. 开采矿产品应交的资源税

    C. 销售应税消费品应交的消费税

    D. 企业代扣代缴的个人所得税

11. 下列项目中不属于所有者权益的是（   ）。

    A. 实收资本   B. 盈余公积

    C. 应收账款   D. 其他综合收益

12. 张某、李某分别出资 20 万元设立甲公司（甲公司为有限责任公司），注册资本

为40万元。经过一段时间的发展，由于开展业务的需要，甲公司的注册资本由40万元增加到80万元。经各方协商一致，钱某以现金出资60万元享有甲公司增资后50%的注册资本。不考虑其他因素，下列各项中，对甲公司接受钱某出资的相关会计处理，错误的是（　　）。

  A. 贷记"盈余公积"科目20万元

  B. 贷记"实收资本"科目40万元

  C. 借记"银行存款"科目60万元

  D. 贷记"资本公积"科目20万元

13. 甲公司签订一项合同，合同总价款为500万元，根据合同，如果甲公司提前完成合同，可获得100万元的额外奖励，如果没有提前完成则没有奖励。甲公司估计提前完成合同的可能性为90%，不能提前完成合同的可能性为10%。甲公司应确认的交易价格为（　　）万元。

  A. 500   B. 540

  C. 600   D. 0

14. 下列各项中，不会影响当期营业利润的是（　　）。

  A. 接受现金捐赠   B. 处置固定资产净损失

  C. 研究开发人员薪酬   D. 计提财务部门固定资产折旧

15. 2024年某企业取得债券投资利息收入15万元，其中国债利息收入5万元，全年税前利润总额为150万元，所得税税率为25%，不考虑其他因素，2024年该企业的净利润为（　　）万元。

  A. 112.5   B. 113.75

  C. 116.75   D. 111.25

16. 甲公司为增值税一般纳税人，适用增值税税率为13%。2024年甲公司主营业务收入200万元，增值税销项税额为26万元，款项已收到。当年预收货款30万元，当年预付货款50万元。不考虑其他因素，甲公司2024年现金流量表中"销售商品、提供劳务收到的现金"项目应填列金额是（　　）万元。

  A. 206   B. 256

  C. 230   D. 180

17. 某企业本月发生车间管理人员工资8万元，产品生产人员工资26万元。本月生产A产品耗用机器工时280小时，生产B产品耗用机器工时120小时。该企业按机器工时比例分配制造费用。假设不考虑其他因素，本月A产品应分配的制造费用为（　　）万元。

  A. 10   B. 5.9

  C. 5.6   D. 2.4

18. 企业月末在产品数量较多、各月在产品数量变化不大时，最适宜将产品生产费用在完工产品和月末在产品之间分配的方法是（　　）。

  A. 定额比例法   B. 不计算在产品成本法

  C. 约当产量比例法　　　　　　　　D. 在产品按固定成本计算法

19. 下列关于政府会计的表述中，正确的是（　　）。

  A. 政府负债的计量属性主要包括历史成本、重置成本、现值、公允价值

  B. 预算会计要素包括预算收入、预算支出与预算结余

  C. 政府储备资产既有流动资产，也有非流动资产

  D. 政府财务会计要素包括资产、负债、所有者权益、收入和费用

20. 下列各项中，在财政直接支付方式下，事业单位收到"财政直接支付入账通知书"时，财务会计核算应贷记的会计科目是（　　）。

  A. 经营收入　　　　　　　　　　　B. 其他收入

  C. 事业收入　　　　　　　　　　　D. 财政拨款收入

二、多项选择题（本类题共 10 小题，每小题 2 分，共 20 分。每小题备选答案中，有两个或两个以上符合题意的正确答案。少选得相应分值，多选、错选、不选均不得分。）

1. 下列各项中，适宜采用数量金额式账簿的有（　　）。

  A. 原材料明细账　　　　　　　　　B. 银行存款日记账

  C. 销售收入明细账　　　　　　　　D. 库存商品明细账

2. 下列各项中，应记入"应收票据"科目借方的有（　　）。

  A. 销售商品收到转账支票

  B. 销售原材料收到商业承兑汇票

  C. 提供服务收到银行承兑汇票

  D. 销售包装物收到银行汇票

3. 下列各项中，关于无形资产摊销的表述，正确的有（　　）。

  A. 使用寿命不确定的无形资产不应摊销

  B. 出租无形资产的摊销额应计入管理费用

  C. 使用寿命有限的无形资产处置当月不再摊销

  D. 无形资产的摊销方法包括直线法和生产总量法

4. 下列各项中，对于长期债券在支付利息和偿还本金时应做会计处理中涉及的会计科目有（　　）。

  A. 应付利息　　　　　　　　　　　B. 应付债券——面值

  C. 银行存款　　　　　　　　　　　D. 应付债券——利息调整

5. 下列关于盈余公积的表述中，错误的有（　　）。

  A. 盈余公积是指企业按照规定从利润总额中提取的积累资金

  B. 法定盈余公积累计额达到注册资本的 50% 时可不再提取

  C. 企业的法定盈余公积可以全部用于转增资本

  D. 盈余公积可用于弥补亏损

6. 下列各项中，引起当期利润总额增加的有（　　）。

    A. 确认存货盘盈的收益

    B. 确认本期出租闲置设备的租金收入

    C. 确认银行存款的利息收入

    D. 出售交易性金融资产取得的净收益

7. 下列业务中，既会影响营业利润又会影响利润总额的有（　　）。

    A. 非同一控制下企业合并中，投资方支付的评估费

    B. 为特定客户设计产品所发生的、可直接认定的产品设计费用

    C. 对应收账款计提的坏账准备

    D. 财产清查中盘亏的固定资产

8. 下列各项中，在企业所有者权益变动表中单独列示反映的信息有（　　）。

    A. 向所有者分配利润

    B. 所有者投入资本

    C. 会计差错更正的累积影响金额

    D. 会计政策变更的累积影响金额

9. 下列关于成本计算分步法的表述中，正确的有（　　）。

    A. 平行结转分步法下能提供各个步骤半成品的成本资料

    B. 平行结转分步法下能直接提供按原始成本项目反映的产成品成本资料

    C. 逐步结转分步法下不能提供各个步骤半成品的成本资料

    D. 逐步结转分步法下各步骤的产品生产成本随着半成品实物的转移而结转

10. 下列各项有关事业单位固定资产折旧计提的说法中，正确的有（　　）。

    A. 当月增加的固定资产，当月开始计提折旧

    B. 当月增加的固定资产，下月开始计提折旧

    C. 当月减少的固定资产，当月需要计提折旧

    D. 当月减少的固定资产，当月不再计提折旧

三、判断题（本类题共 10 小题，每小题 1 分，共 10 分。请判断每小题的表述是否正确。每小题答题正确的得 1 分，错答、不答均不得分，也不扣分。）

1. 军队、已纳入企业财务管理体系的单位和执行《民间非营利组织会计制度》的社会团体，其会计核算适用政府会计准则制度体系。　　　　　　　　　（　　）

2. 科目汇总表账务处理程序的优点是简单明了，易于理解，总分类账可以较详细地反映经济业务的发生情况；缺点是登记总分类账的工作量较大。　　　（　　）

3. 企业收到退回的银行汇票多余款项，应记入"其他货币资金"科目的借方。

                                      （　　）

4. 企业财产清查中盘盈的固定资产，按管理权限报经批准处理前，应通过"待处理财产损溢"科目核算。　　　　　　　　　　　　　　　　　　　　（　　）

5. 如果企业的短期借款利息按月支付，或者在借款到期时连同本金一起归还，数额不大的可以不采用预提的方法，而在实际支付或收到银行的计息通知时，直接计入

当期损益。 （　　）

6. 企业以资本公积转增资本会使留存收益总额和所有者权益总额均发生变动。

（　　）

7. 企业应将确认的预计产品质量保证损失计入销售费用。 （　　）

8. 资产负债表中的"应付账款"项目是根据"应付账款"总账科目余额填列。

（　　）

9. 计划成本分配法不考虑各辅助生产车间之间相互提供劳务或产品的情况，而是将各种辅助生产费用直接分配给辅助生产以外的各受益单位。 （　　）

10. 按照规定，资产处置的形式包括无偿调拨、出售、出让、转让、置换、对外捐赠、报废、毁损等，但不包括货币性资产损失核销。 （　　）

四、不定项选择题（本类题共 15 小题，每小题 2 分，共 30 分。每小题备选答案中，有一个或一个以上符合题意的正确答案，每小题全部选对得满分，少选得相应分值，多选、错选、不选均不得分。）

【第 1 题】

甲公司为增值税一般纳税人，2024 年发生交易性金融资产业务如下：

（1）1 月 5 日，从二级市场购入乙上市公司股票 200 万股，支付价款 210 万元（其中包含已宣告但尚未发放的股利 10 万元），另支付相关交易费用 0.5 万元，取得增值税专用发票上注明的增值税税额为 0.03 万元。甲公司将其划分为交易性金融资产进行管理和核算。

（2）3 月 31 日，持有的乙上市公司股票的公允价值为 180 万元。

（3）6 月 30 日，出售持有的全部乙上市公司股票，取得价款 263 万元。转让该金融商品应交的增值税为 3 万元，全部款项已存入银行。

要求：根据上述资料，不考虑其他因素，分析回答下列问题。

1. 根据资料（1），下列各项中，甲公司购买股票的相关会计科目处理正确的是（　　）。

A. 借记"应收股利"科目 10 万元

B. 借记"投资收益"科目 0.5 万元

C. 贷记"银行存款"科目 210.53 万元

D. 贷记"其他货币资金"科目 210.53 万元

2. 根据资料（1），甲公司购买股票应记入"交易性金融资产——成本"科目的金额是（　　）万元。

A. 210.53　　　　　　　　　　B. 200

C. 210　　　　　　　　　　　　D. 200.5

3. 根据资料（1）和（2），下列各项中，关于甲公司 3 月 31 日会计处理表述正确的是（　　）。

A. 确认投资收益 20 万元

B. 确认交易性金融资产（公允价值变动）减少 20 万元

C. 确认公允价值变动损失 20.5 万元

D. 确认交易性金融资产（公允价值变动）减少 20.5 万元

4. 根据资料（1）至（3），下列各项中，关于甲公司 6 月 30 日出售乙上市公司股票的会计处理正确的是（   ）。

  A. 借：应交税费——转让金融商品应交增值税   30 000
    贷：投资收益   30 000

  B. 借：其他货币资金   2 630 000
    交易性金融资产——公允价值变动   200 000
    贷：交易性金融资产——成本   2 000 000
    投资收益   830 000

  C. 借：投资收益   30 000
    贷：应交税费——转让金融商品应交增值税   30 000

  D. 借：其他货币资金   2 630 000
    贷：交易性金融资产——成本   2 005 000
    投资收益   625 000

5. 根据资料（1）至（3），该股票投资对甲公司 2024 年度营业利润的影响金额是（   ）万元。

  A. 59.5   B. 30.5

  C. 65.5   D. 66

【第 2 题】

甲房地产开发企业（以下简称"甲企业"）为增值税一般纳税人，适用的增值税税率为 9%，2024~2027 年发生如下业务：

（1）2024 年 3 月 1 日，甲企业董事会经过书面决议，将一栋空置的建筑物对外出租。

（2）2024 年 3 月 16 日，与乙企业签订一项租赁合同，合同约定将该建筑物整体出租给乙企业办公使用，合同约定租赁开始日为 3 月 31 日（乙企业 4 月 1 日进入该办公楼开始办公），租期为 3 年，每年 12 月 31 日收取租金 600 万元。出租时，该建筑物的账面余额 3 500 万元，已提折旧 1 200 万元，已提减值准备 300 万元，尚可使用年限为 20 年，公允价值为 2 400 万元。已知：甲企业所在地房地产市场比较成熟，写字楼的公允价值能够持续可靠取得，甲企业对投资性房地产采用公允价值模式进行后续计量。

（3）2024 年 12 月 31 日，该房地产公允价值为 2 300 万元。

（4）2025 年 12 月 31 日，该房地产公允价值为 2 020 万元。

（5）2026 年 12 月 31 日，该房地产公允价值为 1 980 万元。

（6）2027 年 3 月 31 日，租赁合同期满，甲企业处置该项投资性房地产，取得价款 1 890 万元。

要求：根据上述资料，不考虑其他因素，分析回答下列问题（答案中的金额单位用万元表示）。

1. 根据资料（1）和资料（2），甲企业投资性房地产的确认时点为（　　）。

　A. 2024 年 3 月 1 日　　　　　　　B. 2024 年 3 月 16 日

　C. 2024 年 3 月 31 日　　　　　　D. 2024 年 4 月 1 日

2. 根据资料（2），甲企业 2024 年将该建筑物整体出租的会计处理正确的是（　　）。

　A. 借：投资性房地产 2 400

　　　贷：固定资产清理 2 000

　　　　　资产处置损益 400

　B. 借：投资性房地产 2 400

　　　贷：固定资产清理 2 000

　　　　　营业外收入 400

　C. 借：投资性房地产 2 400

　　　累计折旧 1 200

　　　固定资产减值准备 300

　　　贷：固定资产 3 500

　　　　　其他综合收益 400

　D. 借：投资性房地产 2 400

　　　累计折旧 1 200

　　　固定资产减值准备 300

　　　贷：固定资产 3 500

　　　　　公允价值变动损益 400

3. 根据资料（2）至（4），下列会计处理中，正确的是（　　）。

　A. 确认 2024 年投资性房地产租金收入：

　借：银行存款 600

　　贷：其他业务收入 600

　B. 确认 2024 年投资性房地产公允价值变动：

　借：投资性房地产——公允价值变动 100

　　贷：其他综合收益 100

　C. 确认 2025 年投资性房地产租金收入：

　借：银行存款 600

　　贷：其他业务收入 600

　D. 确认 2025 年投资性房地产公允价值变动：

　借：公允价值变动损益 280

　　贷：投资性房地产——公允价值变动 280

4. 根据资料（5），甲公司 2026 年营业利润的影响金额为（　　）万元。

A. -40	B. 600
C. -560	D. 560

5. 根据资料（2）至（6），2027 年 3 月甲企业利润表中下列项目本期金额计算结果正确的是（　　　）。

A. 营业收入 1 890 万元	B. 营业利润 860 万元
C. 营业收入 2 040 万元	D. 营业利润 460 万元

【第 3 题】

甲公司 2024 年 4 月发生以下经济业务：

（1）10 日，甲公司以 995 万元的价格向乙公司销售一批产品，该批产品成本为 800 万元，控制权已转移，款项已收存银行。合同约定，该批产品自售出之日起 1 年内如果发生质量问题，甲公司提供免费维修服务，该维修服务构成单项履约义务。该批产品的单独售价为 990 万元，一年期维修服务的单独售价为 10 万元。

（2）15 日，甲公司与零售商 B 公司签订销售合同，向其销售 10 000 台 M 商品，每台合同价为 100 元，单位成本为 80 元。当日开具增值税专用发票，货款已收到。16 日，甲公司收到 B 公司支付的全部款项，商品尚未发出。

（3）20 日，甲公司通过竞标赢得一个新客户，为取得该客户合同，甲公司发生以下支出：聘请外部律师进行尽职调查支出 15 000 元；因投标发生差旅费 10 000 元；支付销售人员佣金 5 000 元。甲公司预期这些支出未来能够收回。此外，甲公司根据其年度销售目标、整体盈利情况及个人业绩等，向销售部门经理支付年度奖金 10 000 元。

要求：根据上述资料，不考虑其他因素，分析回答下列问题。

1. 根据资料（1），甲公司 4 月 10 日应确认的收入为（　　　）万元。

A. 995	B. 990
C. 1 000	D. 985.05

2. 根据资料（1），关于甲公司提供的质保服务，下列说法中正确的是（　　　）。

A. 该质保服务属于在某一时点履行的履约义务

B. 该质保服务属于在某一时段履行的履约义务

C. 该质保服务收入应于销售商品的同时确认

D. 该质保服务属于甲公司的一项负债

3. 根据资料（1），甲公司的会计处理正确的是（　　　）。

A. 主营业务收入增加 995 万元

B. 主营业务收入增加 1 000 万元

C. 预计负债增加 10 万元

D. 合同负债增加 9.95 万元

4. 根据资料（2），甲公司应作的会计处理是（　　　）。

A. 主营业务收入增加 1 000 000 元

B. 库存商品减少 800 000 元

C. 银行存款增加 1 000 000 元

D. 合同负债增加 1 000 000 元

5. 根据资料（3），下列说法中正确的是（　　　）。

A. 合同取得成本为 5 000 元

B. 合同取得成本为 15 000 元

C. 合同取得成本为 25 000 元

D. 合同取得成本为 40 000 元

2025 年度初级资格考试
《初级会计实务》全真模拟试题（四）

一、单项选择题（本类题共 20 小题，每小题 2 分，共 40 分。每小题备选答案中，只有一个符合题意的正确答案。多选、错选、不选均不得分。）

1. 对会计信息的性质和功能内容做了分项列式，这符合会计信息质量要求中的（　　）。
    A. 可理解性   B. 实质重于形式
    C. 可比性   D. 及时性

2. 下列各项中，关于记账凭证账务处理程序的特点，表述正确的是（　　）。
    A. 直接根据原始凭证登记总分类账
    B. 直接根据记账凭证逐笔登记总分类账
    C. 先根据记账凭证编制汇总记账凭证，再根据汇总记账凭证登记总分类账
    D. 先将所有记账凭证汇总编制科目汇总表，再根据科目汇总表登记总分类账

3. 下列各项中，关于会计账簿分类的表述正确的是（　　）。
    A. 按照外形特征可分为三栏式账簿、多栏式账簿和数量金额式账簿
    B. 按照填制方法可分为总分类账簿和明细分类账簿
    C. 按照用途可分为序时账簿、分类账簿和备查账簿
    D. 按照账页格式可分为订本式账簿、活页式账簿和卡片式账簿

4. 下列各项中，关于交易性金融资产的会计处理，表述正确的是（　　）。
    A. 取得时支付的相关交易费用计入初始入账金额
    B. 收到购买价款中包含的已到付息期但尚未领取的债券利息计入当期损益
    C. 取得时支付的价款中包含的已宣告但尚未发放的现金股利应当确认为投资收益
    D. 资产负债表日，其公允价值与账面余额之间的差额计入公允价值变动损益

5. 甲企业为增值税一般纳税人，委托乙企业加工一批应交消费税的材料，发出原材料的成本为 36 000 元，加工费为 14 000 元，取得的增值税专用发票上注明的增值税税额为 1 820 元，发票已通过税务机关认证，由乙企业代收代缴的消费税为 5 000 元，甲企业收回材料用于继续生产应税商品。不考虑其他因素，甲企业收回委托加工材料

的成本为（　　）元。

  A. 36 000　　　　　B. 14 000　　　　　C. 50 000　　　　　D. 55 000

  6. 甲商场采用售价金额核算法计算期末存货成本。本月月初存货成本为 20 000 元，售价总额为 30 000 元；本月购入存货成本为 100 000 元，售价总额为 120 000 元；本月销售收入为 100 000 元。该商场本月销售成本为（　　）元。

  A. 96 667　　　　　B. 80 000　　　　　C. 40 000　　　　　D. 33 333

  7. 甲企业为增值税小规模纳税人，原材料采用计划成本核算，A 材料计划成本每吨为 30 元，本期购进 A 材料 5 000 吨，收到的增值税专用发票上注明的价款总额为 140 000 元，增值税税额为 18 200 元，另发生装卸费 2 000 元。原材料运抵企业后验收入库 4 995 吨，运输途中合理损耗 5 吨，购进 A 材料发生的成本差异为（　　）元。

  A. 13 950　　　　　B. 10 350　　　　　C. 15 800　　　　　D. 14 550

  8. 甲公司对乙公司的长期股权投资采用权益法核算。乙公司发生的下列交易事项中，不会导致甲公司长期股权投资账面价值发生变动的是（　　）。

  A. 提取法定盈余公积　　　　　　　　B. 接受其他股东的资本性投入

  C. 宣告分派现金股利　　　　　　　　D. 其他权益工具投资公允价值下降

  9. 某房地产开发商于 2024 年 1 月将作为存货的商品房转换为采用公允价值模式计量的投资性房地产，转换日的商品房账面余额为 10 000 万元，未计提跌价准备，该项房产在转换日的公允价值为 9 900 万元，转换日关于投资性房地产会计处理的下列说法中，不正确的是（　　）。

  A. 转换日开发产品按账面价值 10 000 万元结转

  B. 转换日投资性房地产按公允价值 9 900 万元计量

  C. 转换日的公允价值小于其账面价值的差额 100 万元，计入公允价值变动损益

  D. 转换日的公允价值小于其账面价值的差额 100 万元，计入其他综合收益

  10. 2024 年 7 月 1 日，某企业购入原材料一批，开出一张面值为 113 000 元、期限为 3 个月的不带息的商业承兑汇票。2024 年 10 月 1 日该企业无力支付票款时，下列会计处理正确的是（　　）。

  A. 借：应付票据　　　　　　　　　　　113 000

    贷：短期借款　　　　　　　　　　　　　　113 000

  B. 借：应付票据　　　　　　　　　　　113 000

    贷：其他应付款　　　　　　　　　　　　　113 000

  C. 借：应付票据　　　　　　　　　　　113 000

    贷：应付账款　　　　　　　　　　　　　　113 000

  D. 借：应付票据　　　　　　　　　　　113 000

    贷：预付账款　　　　　　　　　　　　　　113 000

  11. 企业因日常业务经营需要向银行借入短期借款，利息按月预提、按季支付。下列各项中，预提借款利息应贷记的会计科目是（　　）。

  A. 应付利息　　　　　　　　　　　　B. 应付账款

C. 合同负债　　　　　　　　　　D. 短期借款

12. 下列各项中，关于消费税的表述不正确的是（　　）。

　　A. 企业在建工程领用应税消费品时，应当将消费税的金额计入在建工程成本中

　　B. 企业销售应税消费品应通过"税金及附加"科目核算

　　C. 委托加工应税物资收回后直接出售，委托方代收代缴的消费税应记入"应交税费——应交消费税"科目中

　　D. 进口应税消费品直接出售的，进口环节交纳的消费税需要计入进口货物的成本中

13. 下列各项中，会引起留存收益总额发生增减变动的是（　　）。

　　A. 资本公积转增资本　　　　　　B. 盈余公积转增资本

　　C. 盈余公积弥补亏损　　　　　　D. 提取盈余公积

14. 甲公司 2024 年 12 月 31 日的股本是 500 万股，每股面值 1 元，资本公积（股本溢价）1 000 万元，盈余公积 800 万元，经股东大会批准，甲公司以现金回购本公司股份 500 万股，如果按每股 4 元回购，则应冲减的盈余公积是（　　）万元。

　　A. 0　　　　　　B. 500　　　　　　C. 1 500　　　　　　D. 2 000

15. 甲商场系增值税一般纳税人，适用增值税税率为 13%。2024 年春节期间为进行促销，该商场规定购物每满 200 元积 10 分，不足 200 元部分不积分，积分可在 1 年内兑换成与积分等值的商品。某顾客购买了售价为 5 000 元、成本为 4 000 元的服装，预计该顾客将在有效期限内兑换全部积分。假定不考虑增值税等因素，因该顾客购物商场应确认的收入为（　　）元。

　　A. 4 707.5　　　　B. 4 761.9　　　　C. 4 750　　　　D. 5 000

16. 下列各项中，属于企业发生的损失的是（　　）。

　　A. 企业外币应收账款的汇兑损失

　　B. 企业支付的行政罚款

　　C. 企业预计产品质量保证损失

　　D. 企业存货因管理不善造成的盘亏

17. 甲公司 2024 年初"利润分配——未分配利润"贷方余额为 80 万元，2024 年 12 月 31 日"本年利润"贷方余额为 230 万元，本期分配股利 70 万元，则 2024 年 12 月 31 日资产负债表中"未分配利润"项目金额为（　　）万元。

　　A. 80　　　　　　B. 220　　　　　　C. 230　　　　　　D. 240

18. 下列各项中，关于利润表的表述，不正确的是（　　）。

　　A. 利润表是反映企业在一定会计期间的经营成果的报表

　　B. 利润表依据"收入 – 费用 = 利润"这一会计等式编制

　　C. 我国企业采用单步式报表

　　D. 利润表是动态报表

19. 下列各项中，属于政府预算会计要素的是（　　）。

　　A. 所有者权益　　　　　　　　　B. 利润

  C. 净资产   D. 预算收入

20. 下列各项中，行政单位可以根据实际情况自行选择是否编制的财务报表是（ ）。

  A. 净资产变动表   B. 收入费用表

  C. 现金流量表   D. 资产负债表

二、多项选择题（本类题共 10 小题，每小题 2 分，共 20 分。每小题备选答案中，有两个或两个以上符合题意的正确答案。少选得相应分值，多选、错选、不选均不得分。）

1. 下列各项企业的会计处理中，符合谨慎性质量要求的有（ ）。

  A. 在存货的可变现净值低于成本时，计提存货跌价准备

  B. 在应收款项实际发生坏账损失时，确认坏账损失

  C. 对售出商品很可能发生的保修义务确认预计负债

  D. 企业将属于研究阶段的研发支出确认为研发费用

2. 下列关于出租和出借包装物的说法中，正确的有（ ）。

  A. 企业出租、出借包装物时，应借记"周转材料——包装物——出租包装物（或出借包装物）"科目，贷记"周转材料——包装物——库存包装物"科目

  B. 归还包装物押金时，借记"其他应付款——存入保证金"科目，贷记"库存现金"等科目

  C. 收取包装物租金时，借记"银行存款"等科目，贷记"其他业务收入"科目

  D. 对出借包装物进行摊销时，借记"其他业务成本"科目，贷记"周转材料——包装物——包装物摊销"科目

3. 下列各项中，关于针对发出存货的计价方法，表述正确的有（ ）。

  A. 存货发出可以采用实际成本核算，也可以采用计划成本核算

  B. 采用先进先出法核算发出存货成本时，在物价持续下降时，期末存货成本接近市价，会高估企业当期利润和库存存货价值

  C. 采用月末一次加权平均法核算发出存货成本时，不便于存货成本的日常管理与控制

  D. 采用移动加权平均法核算发出存货成本时，计算的发出及结存存货成本比较客观，能使管理层及时了解存货的结存情况

4. 下列关于采用成本法核算的长期股权投资，会计处理错误的有（ ）。

  A. 投资方能够对被投资单位实施重大影响的长期股权投资采用成本法核算

  B. 被投资方当年实现净利润，投资方按应享有的份额确认投资收益

  C. 除取得投资时实际支付的价款或对价中包含的已宣告但尚未发放的现金股利或利润外，投资企业应当按照被投资单位宣告发放的现金股利或利润中应享有的份额确认投资收益

  D. 投资企业应当按照被投资单位宣告发放的股票股利应享有的份额确认投资收

益，借记"应收股利"科目，贷记"投资收益"科目

5. 下列各项中，关于增值税一般纳税人的会计处理，表述正确的有（　　）。

    A. 已单独确认进项税额的购进货物用于投资，应贷记"应交税费——应交增值税（进项税额转出）"科目

    B. 将委托加工的货物用于对外捐赠，应贷记"应交税费——应交增值税（销项税额）"科目

    C. 已单独确认进项税额的购进货物发生非正常损失，应贷记"应交税费——应交增值税（进项税额转出）"科目

    D. 企业管理部门领用本企业生产的产品，应贷记"应交税费——应交增值税（销项税额）"科目

6. 下列各项中，会导致企业实收资本或股本变化的有（　　）。

    A. 溢价发行股票　　　　　　　　B. 盈余公积转增资本

    C. 接受现金投资　　　　　　　　D. 盈余公积补亏

7. 下列各项中，属于与合同直接相关的成本的有（　　）。

    A. 为履行合同耗用的原材料

    B. 支付给直接为客户提供所承诺服务的人员的奖金

    C. 为履行合同的场地清理费

    D. 为履行合同组织生产的管理人员的工资

8. 下列各项中，根据总账余额直接填列的有（　　）。

    A. 短期借款　　　　　　　　　　B. 资本公积

    C. 应收账款　　　　　　　　　　D. 固定资产

9. 某企业生产费用在完工产品和在产品之间采用约当产量比例法进行分配。该企业甲产品月初在产品和本月生产费用共计 1 080 000 元。本月甲产品完工 600 台，在产品 200 台，且其平均完工程度为 60%，不考虑其他因素，下列各项中，说法正确的有（　　）。

    A. 甲产品在产品的约当产量为 120 台

    B. 甲产品的单位成本为 1 350 元

    C. 甲产品的完工产品成本为 900 000 元

    D. 甲产品的在产品成本为 300 000 元

10. 某单位经财政部门审批对财政拨款结余资金改变用途，调整用于本单位基本支出或其他未完成项目支出，该单位按照批准调剂的金额进行会计处理。下列各项中，不属于应记入的借方科目有（　　）。

    A. 财政拨款结余——单位内部调剂

    B. 财政拨款结转——单位内部调剂

    C. 财政拨款结余——归集调入

    D. 财政拨款结转——归集调入

三、判断题（本类题共 10 小题，每小题 1 分，共 10 分。请判断每小题的表述是否正确。每小题答题正确的得 1 分，错答、不答均不得分，也不扣分。）

1. 由于有了持续经营这个会计核算的基本假设，才产生了当期与其他期间的区别，从而出现了权责发生制和收付实现制的区别。　　　　　　　　　　　（　　）

2. 单位以电子会计凭证的纸质打印件作为报销、入账、归档依据的，必须同时保存打印该纸质件的电子会计凭证原文件，并建立纸质会计凭证与其对应电子文件的检索关系。　　　　　　　　　　　　　　　　　　　　　　　　　　　　　（　　）

3. 为特定客户设计产品所发生的、可直接确定的设计费用，应计入存货成本。
　　　　　　　　　　　　　　　　　　　　　　　　　　　　　　　　　（　　）

4. 企业通常应按照与无形资产有关的经济利益的预期实现方式选择摊销方法，如果无法可靠确定预期实现方式的，应当按照工作量法摊销。　　　　　　　（　　）

5. 对于因债权单位撤销而无法支付的应付账款，企业应按其账面余额予以撤销计入其他业务收入。　　　　　　　　　　　　　　　　　　　　　　　　　（　　）

6. 期初未分配利润有借方余额，期末获利的情况下，计提法定盈余公积时，无须考虑期初的借方余额。　　　　　　　　　　　　　　　　　　　　　　　（　　）

7. 资产的账面价值小于其计税基础，或负债的账面价值大于其计税基础，会产生应纳税时间性差异。　　　　　　　　　　　　　　　　　　　　　　　　（　　）

8. 附注是企业财务报表的重要组成部分，但如果没有需要，企业可以不编制附注。
　　　　　　　　　　　　　　　　　　　　　　　　　　　　　　　　　（　　）

9. 企业采用计划成本分配法分配辅助生产费用，辅助生产车间实际发生的费用与按计划单位成本分配转出的费用之间的差额，应记入的科目是"制造费用"。（　　）

10. 预算支出是指报告期内导致政府会计主体净资产减少的、含有服务潜力或经济利益的经济资源的流出。　　　　　　　　　　　　　　　　　　　　　　（　　）

四、不定项选择题（本类题共 15 小题，每小题 2 分，共 30 分。每小题备选答案中，有一个或一个以上符合题意的正确答案，每小题全部选对得满分，少选得相应分值，多选、错选、不选均不得分。）

【第 1 题】

甲企业为增值税一般纳税人，适用的增值税税率为 13%，2023～2025 年度固定资产的经济业务如下，价格中均不含税：

（1）2023 年 6 月 1 日，外购一条需要安装的生产线，发票上注明买价 800 万元，增值税进项税额为 104 万元，用银行存款支付其他安装费用 40 万元，增值税进项税额 3.6 万元。

（2）2023 年 6 月 20 日，该生产线达到预定可使用状态，采用直线法计提折旧，预计使用年限为 10 年，预计净残值为 60 万元。

（3）2023 年 12 月 15 日，甲企业决定对现有生产线进行改扩建，以提高其生产能力。其中被更换部件的账面价值为 41 万元，更换新部件的价值为 50 万元。2023 年 12 月 31 日，该生产线达到预定可使用状态。预计仍可使用 10 年，净残值为 30 万元。

（4）2024 年 1 月 1 日，将该生产线对外经营出租，租期为 1 年，每月租金为 8 万元。

（5）2025 年 5 月 2 日，甲企业将一台设备出售，该设备原价为 420 万元，已计提折旧 70 万元，取得处置收入 400 万元存入银行，支付清理费用 10 万元，假定不考虑相关税费的影响。

要求：根据上述资料，不考虑其他因素，分析回答下列问题（答案中的金额单位用万元表示）。

1. 根据资料（1），下列账务处理正确的是（　　）。

　　A. 外购需要安装的生产线直接计入固定资产

　　B. 外购需要安装的生产线计入在建工程

　　C. 支付的其他安装费用，计入管理费用

　　D. 计入资产成本的金额合计为 840 万元

2. 根据资料（2），下列表述正确的是（　　）。

　　A. 计提折旧的开始月份为 6 月　　　　B. 计提折旧的开始月份为 7 月

　　C. 每月计提折旧金额为 5 万元　　　　D. 每月计提折旧金额为 6.5 万元

3. 根据资料（3），关于对生产线的更新改造，下列表述正确的是（　　）。

　　A. 更新改造之前，生产线的账面价值为 790 万元

　　B. 更新改造之前，生产线的账面价值为 801 万元

　　C. 更新改造之后，生产线的账面价值为 796 万元

　　D. 更新改造之后，生产线的账面价值为 810 万元

4. 根据资料（4），关于生产线的对外出租，下列说法正确的是（　　）。

　　A. 出租固定资产的收入应计入营业外收入 8 万元

　　B. 出租固定资产的收入应计入其他业务收入 8 万元

　　C. 出租的固定资产不必计提折旧

　　D. 每月计入其他业务成本的金额为 6.5 万元

5. 根据资料（5），出售设备影响的净损益是（　　）万元。

　　A. 115　　　　　　B. 120　　　　　　C. 25　　　　　　D. 40

【第 2 题】

甲公司 2024 年发生以下经济业务：

（1）8 月 31 日，甲公司向乙公司销售 A 产品 2 000 件，单位售价 0.4 万元，单位成本 0.3 万元。货款已经收到。销售协议同时约定，2024 年 10 月 31 日前乙公司有权退还 A 产品。8 月 31 日，甲公司根据以往经验估计该批 A 产品的退货率为 10%。9 月 30 日，甲公司对该批 A 产品重新估计退货率为 5%。

（2）12 月 1 日，甲公司向客户销售成本为 300 万元的 B 产品，售价 400 万元已收存银行。客户为此获得 125 万个奖励积分，每个积分可在 2025 年购物时抵减 1 元。根据历史经验，甲公司估计该积分的兑换率为 80%。

要求：根据上述资料，不考虑其他因素，回答下列问题（答案中的金额单位用万元表示）。

1. 甲公司 8 月 31 日应确认的 A 产品销售收入为（　　）万元。

A. 0　　　　　　　　B. 720　　　　　　　　C. 800　　　　　　　　D. 600

2. 甲公司 8 月 31 日结转 A 产品成本时，应借记的会计科目是（　　）。

A. 应收退货成本　　　　　　　　　　B. 库存商品

C. 主营业务成本　　　　　　　　　　D. 其他业务成本

3. 9 月 30 日甲公司重新估计 A 产品退货率时的会计处理中正确的是（　　）。

A. 冲减预计负债 40 万元

B. 冲减应收退货成本 30 万元

C. 确认主营业务成本 30 万元

D. 确认主营业务收入 30 万元

4. 12 月 1 日，甲公司销售 B 产品应确认的销售收入为（　　）万元。

A. 400　　　　　　　B. 0　　　　　　　　C. 320　　　　　　　　D. 425

5. 下列关于甲公司销售 B 产品会计处理说法中，正确的是（　　）。

A. 估计客户将兑换的积分应分摊的交易价格应计入合同负债

B. 甲公司向客户提供的积分兑换属于向客户提供了一项重大权利

C. 甲公司应当在客户未来使用积分购物或者积分失效时，将积分分摊的交易价格确认为收入

D. 甲公司应当在 B 产品的控制权转移给客户时将积分分摊的交易价格确认为收入

【第 3 题】

甲工厂有供电、供水两个辅助生产车间，2024 年 6 月，供电车间费用 10 000 元，供水车间费用 8 000 元。其供应的对象和数量如下表所示：

供应对象		供电度数	供水吨数
辅助生产车间	供电车间		200
	供水车间	700	
基本生产车间	A 产品	2 300	6 200
	一般耗用	1 500	3 800
企业管理部门		500	800
合计		5 000	11 000

甲工厂采用直接分配法分配 6 月电费和水费。

要求：根据上述资料，不考虑其他因素，回答下列问题。

1. 供电车间、供水车间的费用分配率分别是（　　）。

A. 2.33　　　　　　B. 1.25　　　　　　　C. 0.74　　　　　　　D. 0.57

2. 企业管理部门应承担的供电辅助生产费用是（　　）元。

    A. 3 750   B. 1 165   C. 3 250   D. 1 500

3. 基本生产车间——A 产品应承担的供水辅助生产费用是（　　）元。

    A. 4 750   B. 4 424   C. 4 860   D. 4 588

4. 基本生产车间一般耗用应计入（　　）。

    A. 基本生产成本   B. 管理费用

    C. 制造费用   D. 销售费用

5. 下列关于辅助生产费用分配方法的说法中，正确的是（　　）。

    A. 直接分配法适用于辅助生产内部相互提供产品或劳务不多、不进行费用的交互分配、对辅助生产成本和企业产品成本影响不大的情况

    B. 在交互分配法下，每个辅助生产车间要计算两个费用分配率，进行两次分配，增加了计算的工作量

    C. 计划分配法不便于考核和分析各受益单位的成本，不便于分清各单位的经济责任，成本分配不够准确

    D. 直接分配法计算工作简便

2025 年度初级资格考试
《初级会计实务》全真模拟试题（五）

一、单项选择题（本类题共 20 小题，每小题 2 分，共 40 分。每小题备选答案中，只有一个符合题意的正确答案。多选、错选、不选均不得分。）

1. 下列各项中，体现实质重于形式质量要求的是（　　）。
   A. 应当采用一致的会计政策，不得随意变更
   B. 长期租入的一栋厂房，应当确认为企业的一项资产
   C. 购买的办公用品，金额较小，可以一次性计入当期损益
   D. 期末存货的可变现净值低于成本，应当计提存货跌价准备

2. 下列各项中，关于企业会计准则体系表述错误的是（　　）。
   A. 我国企业会计准则体系由基本准则、具体准则、准则解释和会计处理规定构成
   B. 准则解释是具体准则制定的依据
   C. 基本准则在企业会计准则体系中起统驭作用
   D. 具体准则用来规范企业各项具体业务事项的确认、计量和报告

3. 2024 年 12 月 31 日，某企业银行存款日记账余额为 53 000 元，当月未达账项情况如下：29 日，企业购买材料签发转账支票 8 000 元并登记入账，但对方尚未送存银行；30 日，银行代企业支付水电费 2 000 元，但企业尚未入账；31 日，银行确认企业的存款利息 500 元并入账，但企业尚未收到通知，不考虑其他因素，该企业编制的银行存款余额调节表中的"调节后的存款余额"项目金额为（　　）元。
   A. 51 500
   B. 59 500
   C. 61 000
   D. 54 500

4. 企业进行现金清查时，对于现金短缺，待期末或报经批准后，无法查明原因的应计入（　　）。
   A. 管理费用
   B. 其他应付款
   C. 营业外收入
   D. 其他应收款

5. 某批发企业采用毛利率法对存货计价，第一季度实际毛利率 30%，2024 年 4 月 1 日存货成本 1 200 万元，本月购入存货成本 2 800 万元，销售商品收入 3 000 万元，销

售退回 300 万元，则 4 月末存货结存成本为（　　）万元。

　　A. 1 300　　　　　　　　　　　B. 1 900

　　C. 2 110　　　　　　　　　　　D. 2 200

6. 甲公司于 2024 年 1 月 20 日以银行存款 7 000 万元自其母公司处购入乙公司 80% 的股权并取得其控制权。取得该股权时，乙公司相对于集团最终控制方而言的净资产账面价值为 10 000 万元，公允价值为 15 000 万元。2025 年 1 月 20 日乙公司宣告分配现金股利 2 000 万元，2025 年 1 月 25 日实际发放现金股利。2025 年 9 月 20 日甲公司将其股权全部出售，收到价款 9 000 万元。下列有关甲公司该项长期股权投资会计处理的表述中，不正确的是（　　）。

　　A. 初始投资成本为 8 000 万元

　　B. 乙公司宣告分配现金股利时，甲公司应冲减长期股权投资的账面价值 1 600 万元

　　C. 处置乙公司股权前长期股权投资的账面价值为 8 000 万元

　　D. 处置乙公司股权确认的投资收益为 1 000 万元

7. 2024 年某企业开始研究开发一项新技术，共发生研究支出 150 万元，开发支出 800 万元，其中符合资本化的金额为 750 万元，12 月 31 日该项无形资产达到预定用途，申请发明专利支付 2.5 万元，该项无形资产的入账价值为（　　）万元。

　　A. 800　　　　　　　　　　　　B. 1 002.5

　　C. 750　　　　　　　　　　　　D. 752.5

8. 某企业在资产清查中盘亏生产设备一台，原价 10 万元，已计提折旧 4 万元，购入时增值税税额 1.3 万元。不考虑其他因素，该企业盘亏固定资产的下列会计处理中，正确的是（　　）。

　　A. 盘亏生产设备时：

　　借：营业外支出　　　　　　　　　　　　　　　　　　6

　　　　累计折旧　　　　　　　　　　　　　　　　　　　4

　　　　贷：固定资产　　　　　　　　　　　　　　　　　　　　10

　　B. 转出不可抵扣的增值税：

　　借：待处理财产损溢　　　　　　　　　　　　　　　1.3

　　　　贷：应交税费——应交增值税（进项税额转出）　　　　1.3

　　C. 报经批准转销时：

　　借：资产处置损益　　　　　　　　　　　　　　　　7.3

　　　　贷：营业外支出　　　　　　　　　　　　　　　　　　7.3

　　D. 盘亏生产设备时：

　　借：待处理财产损溢　　　　　　　　　　　　　　　6

　　　　累计折旧　　　　　　　　　　　　　　　　　　　4

　　　　贷：固定资产　　　　　　　　　　　　　　　　　　　　10

9. 某企业处置一项投资性房地产，收取价款 4 000 万元，该投资性房地产原价为

8 000 万元，已计提折旧 5 000 万元。不考虑其他因素，下列关于该企业处置投资性房地产的会计处理结果，表述正确的是（　　）。

  A. 影响营业外支出 3 000 万元

  B. 影响投资收益 1 000 万元

  C. 影响资产处置收益 1 000 万元

  D. 增加营业收入 4 000 万元

10. 下列各项中，有关应付票据处理的表述，不正确的是（　　）。

  A. 企业开出商业承兑汇票时，按其票面金额贷记"应付票据"

  B. 不带息应付票据到期支付时，按票面金额结转

  C. 企业支付的银行承兑手续费，计入当期财务费用

  D. 企业到期无力支付的银行承兑汇票，应按票面金额转入应付账款

11. 企业作为福利为高管人员配备汽车，计提这些汽车的折旧时，应编制的会计分录是（　　）。

  A. 借记"管理费用"，贷记"累计折旧"

  B. 借记"应付职工薪酬"，贷记"累计折旧"

  C. 借记"管理费用"，贷记"固定资产"

  D. 借记"管理费用"，贷记"应付职工薪酬"；借记"应付职工薪酬"，贷记"累计折旧"

12. 企业因债权人撤销而转销无法支付的应付账款时，应按所转销的应付账款账面余额计入（　　）。

  A. 资本公积   B. 其他应付款

  C. 管理费用   D. 营业外收入

13. 甲上市公司发行普通股 5 000 万股，每股面值 1 元，每股发行价格 3 元，支付手续费 100 万元，支付咨询费 80 万元。下列说法中正确的是（　　）。

  A. 股本的金额为 10 000 万元

  B. 股本的金额为 15 000 万元

  C. 资本公积的金额为 4 820 万元

  D. 资本公积的金额为 9 820 万元

14. 甲公司 2024 年初"利润分配——未分配利润"借方余额 30 万元，2024 年实现利润总额 100 万元，所得税税率为 25%，法定盈余公积提取比例为 10%，则甲公司 2024 年应提取盈余公积（　　）万元。

  A. 10   B. 8.25

  C. 7   D. 5.25

15. 2024 年 8 月 30 日甲公司与乙公司签订合同，以每辆 20 万元的价格向乙公司销售其所生产的 15 辆汽车。甲公司将 15 辆汽车的控制权转移给乙公司。同时，甲公司承诺如果在未来 3 个月内，该型号汽车售价下降，则按照合同价格与最低售价之间的差额向乙公司退还差价。根据以往执行类似合同的经验，甲公司预计未来 3 个月内该型

号的汽车不降价的概率为 50%，每辆降价 2 万元的概率为 30%，每辆降价 5 万元的概率为 20%。8 月 30 日甲公司应确定的交易价格为（   ）万元。

A. 300

B. 0

C. 270

D. 276

16. 下列情形中，不属于在某一时间段内履行履约义务的是（   ）。

A. 客户在企业履约的同时即取得并消耗企业履约所带来的经济利益

B. 客户能够控制企业履约过程中在建的商品

C. 企业履约过程中所产出的商品具有不可替代用途，且该企业在整个合同期间内有权就累计至今已完成的履约部分收取款项

D. 客户已接受该商品

17. 某企业 2024 年当期应交所得税 650 万元，递延所得税负债年初数 45 万元，年末数 58 万元，递延所得税资产年初数 36 万元，年末数 32 万元。不考虑其他因素，该企业 2024 年应确认所得税费用（   ）万元。

A. 650

B. 633

C. 667

D. 663

18. 下列各项中，在不考虑各辅助生产车间之间相互提供劳务或产品的情况下，将各种辅助生产费用直接分配给辅助生产以外的各受益单位的分配方法是（   ）。

A. 交互分配法

B. 计划成本分配法

C. 代数分配法

D. 直接分配法

19. 某种产品生产需经过三个生产步骤，采用逐步结转分步法计算成本。本月第一生产步骤转入第二生产步骤的生产成本为 2 800 元，第二生产步骤转入第三生产步骤的生产成本为 5 600 元。本月第三生产步骤发生的成本为 2 600 元（不包括上一生产步骤转入的成本），第三生产步骤月初在产品成本为 1 200 元，月末在产品成本为 400 元，本月该种产品的产成品成本为（   ）元。

A. 12 200

B. 11 800

C. 9 400

D. 9 000

20. 对采用应收款方式确认的事业收入在实际收到时，下列关于财务会计处理的表述中，正确的是（   ）。

A. 借：资金结存——货币资金

贷：事业预算收入

B. 借：银行存款

贷：应收账款

C. 借：资金结存——货币资金

贷：事业收入

D. 借：应收账款

贷：事业收入

二、**多项选择题**（本类题共 10 小题，每小题 2 分，共 20 分。每小题备选答案中，有两个或两个以上符合题意的正确答案。少选得相应分值，多选、错选、不选均不得分。）

1. 单位开展会计信息化建设，应当根据单位发展目标和信息化体系建设实际需要，需要遵循的原则包括（   ）。

    A. 统筹兼顾　　　　　　　　　　B. 安全合规

    C. 成本效益　　　　　　　　　　D. 成本最小

2. 下列各项中，不应反映在交易性金融资产初始计量金额中的有（   ）。

    A. 债券的买入价

    B. 支付的手续费

    C. 支付的印花税

    D. 支付价款中包含的已到付息期但尚未领取的利息

3. 下列各项中，属于投资性房地产的有（   ）。

    A. 已签订租赁协议并自协议签订日开始出租的土地使用权

    B. 以短期租赁方式租入再转租给其他单位的建筑物

    C. 企业出租给本企业职工居住的宿舍

    D. 已经营出租但仍由本企业提供日常维护服务且维护费用在协议中不重大的建筑物

4. 下列各项中，企业应计提折旧的有（   ）。

    A. 上月已达到预定可使用状态尚未办理竣工决算的办公大楼

    B. 非生产经营用的中央空调设施

    C. 日常维修期间停工的生产设备

    D. 已提足折旧继续使用的生产线

5. 下列各项中，应通过"其他应付款"科目核算的有（   ）。

    A. 预先收取的出借包装物押金　　B. 应付的租入包装物租金

    C. 应付的材料采购运费　　　　　D. 应付的短期借款利息

6. 企业用盈余公积转增资本后，下列表述中错误的有（   ）。

    A. 会导致所有者权益的增加

    B. 会导致所有者权益的减少

    C. 不会引起所有者权益总额及其结构的变化

    D. 不会引起所有者权益总额的变化，但会导致其结构的变动

7. 在采用支付手续费方式委托代销商品时，委托方在会计处理中可能涉及的会计科目有（   ）。

    A. 发出商品

    B. 销售费用

    C. 应交增值税——应交增值税（销项税额）

D. 应交增值税——应交增值税（进项税额）

8. 下列各项中，通过成本项目核算的有（　　）。

A. 直接材料
B. 管理费用
C. 制造费用
D. 燃料及动力

9. 下列关于成本计算品种法的表述中，正确的有（　　）。

A. 以产品品种作为成本计算对象，归集和分配生产费用，计算产品成本
B. 适用于多步骤生产企业
C. 如果月末有在产品，要将生产成本在完工产品和在产品之间进行分配
D. 一般定期（每月月末）计算产品成本

10. 某行政单位收到财政部门委托代理银行转来的财政授权支付入账通知书，支付开展专业业务活动所发生的电费 30 000 元。下列各项中，属于该行政单位应作的账务处理的有（　　）。

A. 借：业务活动费用　　　　　　　　　　　　　　　　　30 000
　　　贷：财政拨款收入　　　　　　　　　　　　　　　　　30 000
B. 借：业务活动费用　　　　　　　　　　　　　　　　　30 000
　　　贷：零余额账户用款额度　　　　　　　　　　　　　30 000
C. 借：事业支出　　　　　　　　　　　　　　　　　　　30 000
　　　贷：资金结存——零余额账户用款额度　　　　　　　30 000
D. 借：行政支出　　　　　　　　　　　　　　　　　　　30 000
　　　贷：资金结存——零余额账户用款额度　　　　　　　30 000

三、判断题（本类题共 10 小题，每小题 1 分，共 10 分。请判断每小题的表述是否正确。每小题答题正确的得 1 分，错答、不答均不得分，也不扣分。）

1. 根据权责发生制，企业在本月支付下个月办公室租金时应在本月确定为费用。
（　　）

2. 期末对账也包括账证核对，核对会计账簿记录与原始凭证、记账凭证的时间、凭证字号、内容、金额是否一致，记账方向是否相符。（　　）

3. 应收款项的坏账准备应当以组合为基础进行确定。（　　）

4. 企业自创的商誉属于无形资产。（　　）

5. 增值税小规模纳税人取得普通发票不可以抵扣进项税额，但是如果取得的是专用发票，则可以抵扣进项税额。（　　）

6. 企业接受投资者以原材料投资，其增值税额不能计入实收资本。（　　）

7. 企业利润总额等于应纳税所得额。（　　）

8. 企业向银行借入的长期借款将于资产负债表日后一年内到期的，应在资产负债表中"长期借款"项目填列。（　　）

9. 分步法以生产步骤和产品品种为成本计算对象，适用于大量大批多步骤生产。
（　　）

10. 事业单位占有使用的、单位价值虽未达到规定标准，但使用年限超过 1 年（不含 1 年）的大批同类办公桌椅，应当作为固定资产进行核算。　　　　（　　）

四、不定项选择题（本类题共 15 小题，每小题 2 分，共 30 分。每小题备选答案中，有一个或一个以上符合题意的正确答案，每小题全部选对得满分，少选得相应分值，多选、错选、不选均不得分。）

【第 1 题】

某企业为增值税一般纳税人，适用的增值税税率为 13%，2024 年 12 月 1 日，该企业 "原材料——甲材料" 科目期初结存数量为 2 000 千克，单位成本为 15 元，未计提存货跌价准备。12 月份发生有关甲材料收发业务或事项如下：

（1）10 日，购入甲材料 2 020 千克，增值税专用发票上注明的价款为 32 320 元，增值税税额为 4 201.6 元，销售方代垫运杂费 2 680 元（不考虑增值税），运输过程中发生合理损耗 20 千克，材料已验收入库，款项尚未支付。

（2）20 日，销售甲材料 100 千克，开出的增值税专用发票上注明的价款为 2 000 元，增值税税额为 260 元，材料已发出，并已向银行办妥托收手续。

（3）25 日，本月生产产品耗用甲材料 3 000 千克，生产车间一般耗用甲材料 100 千克。

（4）31 日，采用月末一次加权平均法计算结转发出的甲材料成本。

（5）31 日，预计甲材料可变现净值为 12 800 元。

要求：根据上述材料，不考虑其他因素，分析回答下列问题。

1. 根据资料（1），下列各项中，该企业购入甲材料的会计处理结果正确的是（　　）。

　　A. 甲材料入库单位成本为 17.5 元/千克

　　B. 甲材料入库总成本为 34 650 元

　　C. 甲材料实际入库数量为 2 000 千克

　　D. 甲材料入库总成本为 35 000 元

2. 根据资料（2），下列各项中，该企业销售甲材料的会计处理结果正确的是（　　）。

　　A. 其他业务收入增加 2 000 元　　　　B. 应收账款增加 2 260 元

　　C. 主营业务收入增加 2 000 元　　　　D. 银行存款增加 2 260 元

3. 根据资料（3），下列各项中，关于该企业发出材料会计处理表述正确的是（　　）。

　　A. 生产车间一般耗用原材料应计入制造费用

　　B. 生产产品耗用原材料应计入制造费用

　　C. 生产车间一般耗用原材料应计入管理费用

　　D. 生产产品耗用原材料应计入生产成本

4. 根据期初材料、资料（1）至（4），下列各项中，关于结转销售材料成本的会计处理表述正确的是（　　）。

 A. 其他业务成本增加 1 625 元   B. 甲材料加权平均单位成本 16.25 元

 C. 主营业务成本增加 1 625 元   D. 甲材料加权平均单位成本 15.58 元

 5. 根据期初材料、资料（1）至（5），下列各项中，关于该企业 12 月末原材料的会计处理结果表述正确的是（　　）。

 A. 12 月末甲材料的成本为 13 000 元

 B. 12 月末应计提存货跌价准备 200 元

 C. 12 月末列入资产负债表"存货"项目的"原材料"金额为 12 800 元

 D. 12 月末甲材料成本高于其可变现净值，不计提存货跌价准备

【第 2 题】

甲公司为增值税一般纳税人，2024 年 12 月发生经济业务如下：

（1）1 日，向乙公司销售 M 产品一批，开具的增值税专用发票注明的价款为 500 万元，增值税税额为 65 万元，该批产品实际成本为 350 万元。乙公司收到产品并验收入库，同时开出一张面值为 565 万元的商业承兑汇票结算全部款项。甲公司销售 M 产品符合收入确认条件，确认收入的同时结转销售成本。

（2）5 日，以银行存款支付下列款项：专设销售机构的办公设备日常维修费 5.5 万元，增值税 0.715 万元，中介机构服务费 3 万元，增值税 0.18 万元，所支付的款项均已取得增值税专用发票。维修费及中介机构服务费全部计入当期损益。

（3）20 日，因自然灾害造成一批库存商品毁损，实际成本为 7 万元。根据保险合同约定，由保险公司赔偿 4 万元，赔偿款尚未收到。

（4）31 日，将一项专利权转让给丙公司实现净收益 10 万元。

要求：根据上述资料，不考虑其他因素，分析回答下列问题（答案中的金额单位用万元表示）。

1. 根据资料（1），下列各项中，甲公司销售 M 产品的会计处理正确的是（　　）。

 A. 借：应收票据   565

     贷：主营业务收入   500

       应交税费——应交增值税（销项税额）   65

 B. 借：应收票据   565

     贷：其他业务收入   500

       应交税费——应交增值税（销项税额）   65

 C. 借：其他业务成本   350

     贷：库存商品   350

 D. 借：主营业务成本   350

     贷：库存商品   350

2. 根据资料（2），下列各项中，甲公司支付维修费及中介机构服务费的会计处理正确的是（　　）。

 A. 确认销售费用 5.5 万元   B. 确认管理费用 8.5 万元

C. 确认管理费用 3 万元   D. 确认销售费用 6.215 万元

3. 根据资料（3），下列各项中，甲公司库存商品毁损的会计处理表述正确的是（　　）。

 A. 库存商品毁损的净损失为 7 万元

 B. 发生库存商品毁损时应借记"待处理财产损溢"科目

 C. 库存商品毁损的净损失应计入营业外支出

 D. 尚未收到的保险公司赔偿款应计入应收账款

4. 根据资料（4），下列各项中，甲公司转让专利权的净收益应记入的会计科目是（　　）。

 A. 营业外收入   B. 投资收益

 C. 其他业务收入   D. 资产处置损益

5. 根据资料（1）至（4），甲公司 2024 年 12 月份实现的利润总额是（　　）万元。

 A. 150   B. 148.5   C. 151.5   D. 141.5

【第 3 题】

甲企业为增值税一般纳税人企业，适用的增值税税率为 13%，所得税税率为 25%，按净利润 10% 提取法定盈余公积。2024 年 1 月 1 日所有者权益总额为 5 400 万元，其中实收资本 4 000 万元，资本公积 200 万元，其他综合收益 200 万元，盈余公积 800 万元，未分配利润 200 万元。2024 年度甲公司发生如下经济业务：

（1）乙公司投入设备一台，占甲企业注册资本的 1/3，当日办理相关增资手续。该设备合同约定的价值为 3 500 万元（与公允价值相符），增值税税额为 455 万元。

（2）报废一项专利技术。该项专利技术账面余额 50 万元，累计摊销 38 万元，未计提减值准备。

（3）接受关联方捐赠现金 30 万元，已存入银行。

（4）除上述经济业务外，甲公司当年实现营业收入 10 500 万元，发生营业成本 4 200 万元、税金及附加 600 万元、销售费用 200 万元、管理费用 300 万元、财务费用 200 万元。

要求：根据上述资料，不考虑其他因素，分析回答下列问题（答案中金额单位用万元表示）。

1. 根据资料（1），影响甲企业资产负债表的项目及金额说法正确的是（　　）。

 A. 固定资产增加 3 500 万元   B. 实收资本增加 2 000 万元

 C. 资本公积增加 1 955 万元   D. 应交税费减少 455 万元

2. 根据资料（2），甲企业会计处理正确的是（　　）。

 A. 确认资产处置损益 12 万元   B. 减少累计摊销 38 万元

 C. 确认营业外支出 12 万元   D. 减少无形资产 50 万元

3. 根据资料（3），甲企业会计处理正确的是（　　）。

 A. 利润表中营业外收入增加 30 万元

 B. 资产负债表中资本公积增加 30 万元

C. 资产负债表中货币资金增加 30 万元

D. 现金流量表中吸收投资收到现金增加 30 万元

4. 根据资料（1）至（4），甲公司 2024 年度的利润总额为（   ）万元。

    A. 5 000   B. 5 081   C. 5 030   D. 4 988

5. 根据资料（1）至（4），假定甲企业无任何纳税调整事项，2024 年末资产负债表中未分配利润项目金额为（   ）万元。

    A. 3 595.25   B. 3 820.5   C. 3 566.9   D. 3 575

2025 年度初级资格考试
《初级会计实务》全真模拟试题（六）

一、单项选择题（本类题共 20 小题，每小题 2 分，共 40 分。每小题备选答案中，只有一个符合题意的正确答案。多选、错选、不选均不得分。）

1. 企业固定资产可以按照其价值和使用情况，确定采用某一方法计提折旧，它所依据的会计前提是（　　）。

　A. 会计主体　　　　B. 持续经营　　　　C. 会计分期　　　　D. 货币计量

2. 下列各项中，关于以银行存款偿还所欠货款业务对会计等式影响的表述，正确的是（　　）。

　A. 一项资产增加，另一项资产等额减少

　B. 一项资产与一项负债等额增加

　C. 一项负债增加，另一项负债等额减少

　D. 一项资产与一项负债等额减少

3. 甲公司将其持有的交易性金融资产全部出售，售价为 26 400 000 元，出售前该金融资产的账面价值为 25 700 000 元，甲公司购入该交易性金融资产，支付价款 26 000 000 元（其中包含已到付息期但尚未领取的债券利息 500 000 元）。假定不考虑其他因素，适用的增值税税率为 6%，该项业务转让金融商品应交增值税为（　　）元。

　A. 39 622.64　　　B. 700 000　　　C. 22 641.51　　　D. 400 000

4. 下列方法中，期末存货成本接近市价的是（　　）。

　A. 先进先出法　　　　　　　　B. 移动加权平均法

　C. 个别计价法　　　　　　　　D. 月末一次加权平均法

5. 2024 年 6 月 30 日，甲公司与乙公司签订经营租赁协议，将甲公司拥有产权的一栋自用写字楼整体出租给乙公司使用，租赁期开始日为 2024 年 6 月 30 日，年租金为 400 万元，每半年支付一次，租期 3 年。当日，该写字楼的原值为 3 500 万元，已计提折旧 1 000 万元（其中本年计提折旧 10 万元计入管理费用），公允价值为 1 800 万元，且预计其公允价值能够持续可靠取得。2024 年末，该项投资性房地产的公允价值为 2 400 万元。假定甲公司对投资性房地产采用公允价值模式计量，不考虑其他因素，上述业务对甲公司 2024 年度营业利润的影响金额是（　　）万元。

    A. 90　　　　　　　B. – 100　　　　　　C. 300　　　　　　D. 600

6. 某企业将一闲置固定资产清理出售，该设备的账面原价为 200 000 元，累计折旧 40 000 元，发生清理费用 2 000 元，出售收入为 198 000 元，不考虑相关税费，该设备的清理净损益是（　　）元。

    A. 198 000　　　　B. 38 000　　　　C. 36 000　　　　D. 26 100

7. 甲公司购入农产品一批，农产品收购发票上注明的买价为 200 000 元，规定的扣除率为 9%，货物尚未到达，价款已用银行存款支付。甲公司会计处理正确的是（　　）。

    A. 原材料借方增加 182 000 元

    B. 在途物资借方增加 200 000 元

    C. 应交税费——应交增值税（进项税额）借方增加 18 000 元

    D. 银行存款借方减少 20 000 元

8. 甲公司为家电生产企业，共有职工 200 名，其中 170 名为直接参加生产的职工，30 名为总部管理人员。2024 年 12 月，甲公司以其生产的每台成本为 900 元的电暖器作为春节福利发放给公司每名职工。该型号的电暖器不含增值税的市场售价为每台 1 000 元，甲公司销售商品适用的增值税税率为 13%。甲公司会计处理不正确的是（　　）。

    A. 应确认的应付职工薪酬的金额为 226 000 元

    B. 应记入"生产成本"科目的金额为 192 100 元

    C. 应记入"管理费用"科目的金额为 33 900 元

    D. 应确认的应付职工薪酬的金额为 200 000 元

9. 下列各项中，应通过"应交税费"科目核算的是（　　）。

    A. 一般纳税人进口商品缴纳的关税　　B. 占用耕地缴纳的耕地占用税

    C. 购买印花税票缴纳的印花税　　　　D. 销售应税消费品缴纳的消费税

10. 企业发行债券，实际收到的款项与债券票面金额的差额应记入（　　）会计科目。

    A. 应付债券——面值　　　　　　B. 应付债券——利息调整

    C. 应付债券——应计利息　　　　D. 应付利息

11. 甲公司与乙公司均为增值税一般纳税人。甲公司设立时收到乙公司作为资本投入的不需要安装的设备一台，该设备账面价值为 320 万元，合同约定的价值为 400 万元（与公允价值相同），增值税进项税额为 52 万元（由乙公司支付税款，并开具增值税专用发票）。按照约定，乙公司在甲公司注册资本中所占的份额为 240 万元。不考虑其他因素，下列各项中，甲公司确认乙公司投资时，应计入资本公积的金额为（　　）万元。

    A. 452　　　　　　B. 400　　　　　　C. 212　　　　　　D. 240

12. 某企业 2024 年初未分配利润的贷方余额为 300 万元，本年度实现的净利润为 100 万元，分别按 10% 和 5% 提取法定盈余公积和任意盈余公积。假定不考虑其他因素，该企业 2024 年末未分配利润的贷方余额应为（　　）万元。

　　A. 305　　　　　　B. 355　　　　　　C. 370　　　　　　D. 385

13. 甲公司与乙公司签订销售合同，向乙公司销售 A、B、C 三种产品，合同总价款为 9 万元，A、B、C 产品的单独售价分别为 5 万元、4 万元、3 万元。A 产品应分摊的交易价格为（　　）万元。

　　A. 3　　　　　　　B. 3.75　　　　　　C. 2.25　　　　　　D. 5

14. 某软件公司通过竞标赢得一项服务期为 3 年的合同，为取得该合同，支付咨询费用 8 万元，支付销售人员佣金 6 万元，支付年终奖 5 万元，该公司预期这些支出未来均能收回。不考虑其他因素，该公司应确认的合同取得成本金额为（　　）万元。

　　A. 11　　　　　　B. 14　　　　　　C. 6　　　　　　D. 13

15. 关于利润表项目本期金额填列方法的下列表述中，不正确的是（　　）。

　　A. "税金及附加"项目按照"税金及附加"科目的发生额分析填列

　　B. "研发费用"项目按照"研发费用"科目的发生额分析填列

　　C. "财务费用"项目按照"财务费用"科目的相关明细科目发生额分析填列

　　D. "所得税费用"项目按照"所得税费用"科目的发生额分析填列

16. 下列各项中，应列入利润表"营业收入"项目的是（　　）。

　　A. 出租办公楼收取的租金　　　　　　B. 转让生产设备取得的净收益

　　C. 接受捐赠取得的材料　　　　　　　D. 按持股比例取得的现金股利

17. 甲制造业企业生产 A、B 两种产品，2024 年 12 月共发生生产工人工资 120 000 元、福利费 30 000 元。上述职工薪酬按生产工时比例法在 A、B 产品之间分配，其中 A 产品的生产工时为 1 800 小时，B 产品的生产工时为 700 小时。下列关于甲制造业企业生产 A 产品应分配的职工薪酬金额，计算正确的是（　　）元。

　　A. 90 000　　　　　　　　　　　　　B. 180 000

　　C. 108 000　　　　　　　　　　　　D. 120 000

18. 某企业采用在产品按定额成本计价法将生产费用在完工产品和在产品之间进行分配。2024 年 10 月，该企业生产车间月初在产品定额成本为 58 万元。当月发生生产费用 168 万元，月末在产品定额成本为 35 万元。不考虑其他因素，当月完工产品成本为（　　）万元。

　　A. 226　　　　　　B. 168　　　　　　C. 191　　　　　　D. 133

19. 事业单位接受捐赠取得一批存货，没有相关凭证且未经资产评估、无同类或类似资产的市场价格，则其入账金额为（　　）。

　　A. 公允价值　　　　　　　　　　　　B. 捐赠方的账面价值

　　C. 名义金额　　　　　　　　　　　　D. 未来现金流量现值

20. 某事业单位为增值税一般纳税人，2024 年 9 月该单位对外提供技术服务，开出的增值税专用发票上注明技术服务收入为 100 000 元，增值税税额为 6 000 元，全部款项已存入银行。符合收入确认条件。下列各项中，该事业单位收到技术服务收入时，预算会计处理正确的是（　　）。

    A. 借：银行存款   106 000

        贷：事业收入   106 000

    B. 借：资金结存——货币资金   106 000

        贷：事业预算收入   106 000

    C. 借：资金结存——货币资金   100 000

        贷：事业预算收入   100 000

    D. 借：银行存款   100 000

        贷：事业收入   100 000

二、多项选择题（本类题共 10 小题，每小题 2 分，共 20 分。每小题备选答案中，有两个或两个以上符合题意的正确答案。少选得相应分值，多选、错选、不选均不得分。）

1. 下列关于会计职能关系的表述，正确的有（   ）。

    A. 会计核算职能是会计最基本的职能

    B. 会计监督是会计核算职能的基础

    C. 会计拓展职能只包括预测经济前景

    D. 会计监督是会计核算的质量保证

2. 下列各项中，关于财产清查的表述正确的有（   ）。

    A. 库存现金清查时出纳人员应在现场

    B. 应收账款适合采用发函询证的方式清查

    C. 年终决算前，需对企业的财产物资进行全面清查

    D. 银行存款余额调节表是调整银行存款日记账记账错误的依据

3. 下列各项中，构成应收账款入账价值的有（   ）。

    A. 确认商品销售收入时尚未收到的价款

    B. 代购货方垫付的包装费

    C. 代购货方垫付的运杂费

    D. 增值税销项税额

4. 下列关于无形资产处置的表述中，正确的有（   ）。

    A. 企业转让无形资产使用权，摊销的无形资产成本应计入其他业务成本

    B. 企业转让无形资产所有权，应当将取得的价款与无形资产账面净值和相关税费之和的差额计入当期损益

    C. 企业出售无形资产取得的价款，应当计入其他业务收入，并将无形资产的账面价值结转计入其他业务成本

    D. 企业出售无形资产的净损失，应计入资产处置损益

5. 下列各项中，属于职工薪酬中的"职工"的有（   ）。

    A. 独立董事

    B. 临时工

C. 通过企业与劳务中介公司签订用工合同而向企业提供服务的人员

D. 兼职人员

6. 下列各项中，企业计算的应交消费税，应计入相关资产成本的有（　　　）。

A. 进口应税消费品

B. 领用自产应税消费品用于在建工程

C. 领用自产应税消费品用于财务人员职工福利

D. 对外销售应税消费品

7. A 公司与 B 公司签订合同，约定向 B 公司销售 100 件商品，售价总额为 30 万元，商品成本为 24 万元，假定不考虑增值税因素。A 公司承诺该批商品自售出起 1 年内如果发生非意外事件造成的故障或质量问题，A 公司负责免费保修，同时还承诺免费提供额外的两年延保服务，市场上单独购买两年延保服务需要支付 2 万元，法律规定该批商品必须有 1 年的质量保证期。A 公司根据以往经验估计在法定保修期（1 年）内将发生的保修费用为 0.5 万元。根据上述资料，以下说法正确的有（　　　）。

A. A 公司应确认销售费用 2.375 万元

B. A 公司应确认预计负债 0.5 万元

C. A 公司应确认合同负债 1.875 万元

D. A 公司应确认两项履约义务，其中商品销售及法定质保确认为一项履约义务，确认收入 28 万元，两年延保服务应确认一项履约义务，确认收入 2 万元

8. 下列资产负债表项目，应根据总账科目和明细账科目余额分析计算填列的有（　　　）。

A. 长期借款　　　　　　　　　B. 短期借款

C. 其他非流动资产　　　　　　D. 长期股权投资

9. 下列关于分批法计算成本的说法，正确的有（　　　）。

A. 产品成本计算期与产品生产周期基本一致

B. 月末一般无须进行在产品与完工产品之间的费用分配

C. 适用于精密仪器制造业

D. 不适用于重型机器制造业

10. 某事业单位收到同级财政部门批复的分月用款计划及代理银行盖章的"财政授权支付到账通知书"，按照通知书中所列的金额进行会计处理。下列各项中，属于该事业单位账务处理正确的有（　　　）。

A. 借记"财政拨款收入"科目，贷记"资金结存——零余额账户用款额度"科目

B. 借记"零余额账户用款额度"科目，贷记"财政拨款预算收入"科目

C. 借记"资金结存——零余额账户用款额度"科目，贷记"财政拨款预算收入"科目

D. 借记"零余额账户用款额度"科目，贷记"财政拨款收入"科目

三、判断题（本类题共 10 小题，每小题 1 分，共 10 分。请判断每小题的表述是否正确。每小题答题正确的得 1 分，错答、不答均不得分，也不扣分。）

1. 来源可靠、程序规范、要素合规的电子会计凭证、电子会计账簿、电子财务会计报告和其他电子会计资料与纸质会计资料具有同等法律效力，必须以纸质形式接收、处理、生成和归档保存。（　　）

2. 某种酒类产品生产企业为使生产的酒达到规定的产品质量标准而必须发生的仓储费用，应当计入酒的成本。（　　）

3. 以租赁方式租入的使用权资产发生的改良支出，应借记"使用权资产"科目。（　　）

4. 无论是否按面值发行一般公司债券，均应按照实际收到的金额记入"应付债券"科目的"面值"明细科目。（　　）

5. 股份有限公司发行股票发生的手续费和佣金等费用，先从发行股票的溢价收入中抵销，发行股票的溢价不足冲减或无溢价，计入财务费用。（　　）

6. 对于附有销售退回条款的销售，企业应当在客户取得相关商品控制权时，按预期因销售退回将退还的金额确认负债，日后无须调整直至销售退回条款结束。（　　）

7. 支付管理人员工资和支付的各项税费属于经营活动产生的现金流量。（　　）

8. 企业应交纳的增值税应在利润表"税金及附加"项目中填列。（　　）

9. 约当产量比例法适用于各项消耗定额或成本定额比较准确、稳定，但各月月末在产品数量变动较大的产品。（　　）

10. 政府会计主体对资产进行计量，一般应当采用实际成本。（　　）

四、不定项选择题（本类题共 15 小题，每小题 2 分，共 30 分。每小题备选答案中，有一个或一个以上符合题意的正确答案，每小题全部选对得满分，少选得相应分值，多选、错选、不选均不得分。）

【第 1 题】

甲公司为上市公司，2024 年对乙公司股票投资有关的材料如下：

（1）6 月 1 日，甲公司以银行存款 300 万元（其中包含乙公司已宣告但尚未发放的现金股利 6 万元）从二级市场购入乙公司 100 万股普通股股票，另支付相关交易费用 2 万元，取得增值税专用发票注明的增值税税额为 0.12 万元。甲公司将该股票投资划分为交易性金融资产。

（2）6 月 16 日，甲公司收到乙公司发放的现金股利 6 万元。

（3）6 月 30 日，乙公司股票收盘价为每股 2.6 元。

（4）11 月 26 日，乙公司宣告发放现金股利每股 0.2 元。12 月 10 日，甲公司收到乙公司发放的现金股利 20 万元。

要求：根据以上资料，不考虑其他因素，分析回答下列问题（答案中的金额单位用万元表示）。

1. 根据资料（1），甲公司交易性金融资产的入账价值为（　　）万元。

    A. 296　　　　　　　B. 302　　　　　　　C. 300　　　　　　　D. 294

2. 根据资料（2），下列处理正确的是（　　）。

    A. 计入投资收益 6 万元　　　　　　　B. 冲减应收股利 6 万元

    C. 冲减交易性金融资产 6 万元　　　　D. 计入应收股利 6 万元

3. 根据资料（3），下列处理正确的是（　　）。

    A. 借记"公允价值变动损益"科目 34 万元

    B. 贷记"交易性金融资产"科目 34 万元

    C. 借记"公允价值变动损益"科目 40 万元

    D. 影响营业利润 40 万元

4. 根据资料（4），下列处理正确的是（　　）。

    A. 乙公司宣告分配现金股利时：

    借：应收股利　　　　　　　　　　　　　　　　　　　　　　20

        贷：投资收益　　　　　　　　　　　　　　　　　　　　　　　　20

    B. 乙公司宣告分配现金股利时：

    借：应收股利　　　　　　　　　　　　　　　　　　　　　　20

        贷：交易性金融资产　　　　　　　　　　　　　　　　　　　　20

    C. 甲公司收到现金股利时：

    借：其他货币资金　　　　　　　　　　　　　　　　　　　　20

        贷：投资收益　　　　　　　　　　　　　　　　　　　　　　　20

    D. 甲公司收到现金股利时：

    借：其他货币资金　　　　　　　　　　　　　　　　　　　　20

        贷：应收股利　　　　　　　　　　　　　　　　　　　　　　　20

5. 根据资料（1）至（4），该项投资业务对甲公司 2024 年营业利润的影响金额是（　　）万元。

    A. -18　　　　　　　B. -20　　　　　　　C. -22　　　　　　　D. -16

【第 2 题】

某企业为增值税一般纳税人，2024 年发生有关固定资产业务如下：

（1）1 月 3 日，该企业自行建造厂房一幢，购入建造工程用的各种物资 500 万元，增值税专用发票上注明的增值税税额 65 万元，全部用于工程建设。

（2）2 月 17 日，建造厂房的过程中领用本企业生产的水泥一批，实际成本 400 万元。

（3）3 月 31 日，支付安装费 30 万元，取得的增值税专用发票上注明的税额 2.7 万元；确认安装人员薪酬 100 万元。当日，该厂房达到预定可使用状态。该厂房预计可使用 20 年，预计净残值 30 万元，采用年限平均法计提折旧。

（4）6 月 30 日，该企业财产清查过程中盘盈管理用设备一台，重置成本为 10 万元。预计可使用 5 年，预计净残值为 0，采用年限平均法计提折旧。

（5）9 月 15 日，该企业以其新建的厂房作为对价，取得乙企业 25% 的股权。当日，乙企业的可辨认净资产公允价值为 4 000 万元；厂房的市场价值为 1 100 万元。

（6）12 月 31 日，该企业出售生产用设备一台，该设备原价 50 万元，已计提折旧 30 万元，减值准备 5 万元；支付清理费用 2 万元；取得出售价款 10 万元，增值税税额 1.3 万元。

其他：相关款项均以银行存款支付；按净利润的 10% 提取法定盈余公积，不考虑增值税以外的税费及其他因素的影响。

要求：根据上述资料，不考虑其他因素，分析回答下列问题（答案中的金额单位用万元表示）。

1. 根据资料（1）至（3），下列各项中，关于该企业自行建造厂房的会计处理正确的是（　　）。

 A. 购入建造厂房用工程物资：

 借：工程物资 500

  应交税费——应交增值税（进项税额） 65

   贷：银行存款 565

 B. 建造厂房领用本企业生产的水泥：

 借：在建工程 400

   贷：库存商品 400

 C. 支付安装费与确认安装人员薪酬：

 借：在建工程 130

   贷：应付职工薪酬 100

    银行存款 30

 D. 该厂房达到预定可使用状态：

 借：固定资产 1 095

   贷：在建工程 1 095

2. 根据资料（1）至（3），下列各项中，关于该厂房折旧的会计处理正确的是（　　）。

 A. 折旧总额为 1 030 万元   B. 年折旧额为 50 万元

 C. 折旧额应记入"制造费用"科目 D. 应当从 3 月开始计提折旧

3. 根据资料（4），下列各项中，关于该企业盘盈生产设备的会计处理正确的是（　　）。

 A. 调整期初留存收益 10 万元

 B. 应通过"待处理财产损溢"科目核算

 C. 贷记"盈余公积"科目 1 万元

 D. 贷记"营业外收入"科目 10 万元

4. 根据资料（5），下列各项中，关于该企业取得长期股权投资的会计处理正确的是（　　）。

 A. 该长期股权投资的初始投资成本为 975 万元

B. 该长期股权投资的初始入账价值为 1 000 万元

C. 确认"营业外收入" -5 万元

D. 确认"资产处置损益" 95 万元

5. 根据上述资料，该企业利润表相关项目编制的表述中，正确的是（   ）。

A. "资产处置收益"项目增加 95 万元

B. "管理费用"项目增加 1 万元

C. "营业外支出"项目增加 8.3 万元

D. "利润总额"项目增加 87 万元

【第 3 题】

甲有限责任公司（以下简称"甲公司"）由两位投资者各出资 375 万元设立。2024 年 1 月初甲公司资产负债表所有者权益项目金额如下：实收资本 750 万元，资本公积 250 万元，盈余公积 150 万元，未分配利润 50 万元。2024 年甲公司发生如下经济业务：

（1）1 月 10 日，经股东会批准，按股东原出资比例将资本公积 150 万元转增资本。

（2）9 月 20 日，为扩大经营规模，经股东会批准，引入新投资人加入甲公司，并将甲公司注册资本增加至 1 000 万元，按投资协议，新投资人投入资金 150 万元，占甲公司注册资本的比例为 10%。

（3）12 月 31 日，经计算本年度实现净利润 200 万元，经股东会批准，按净利润的 10% 提取法定盈余公积；按净利润的 30% 以现金方式向投资者分配利润。

要求：根据上述资料，不考虑其他因素，分析回答下列问题（答案中的金额单位用万元表示）。

1. 根据资料（1），下列各项中，甲公司以资本公积转增资本的会计处理正确的是（   ）。

A. 借记"资本公积"科目 150 万元

B. 贷记"盈余公积"科目 150 万元

C. 贷记"实收资本"科目 150 万元

D. 借记"实收资本"科目 150 万元

2. 根据资料（2），下列各项中，甲公司吸收新投资人投资的会计处理正确的是（   ）。

A. 借：银行存款　　　　　　　　　　　　　　　　　150

　　贷：实收资本　　　　　　　　　　　　　　　100

　　　　盈余公积　　　　　　　　　　　　　　　　50

B. 借：银行存款　　　　　　　　　　　　　　　　　150

　　贷：实收资本　　　　　　　　　　　　　　　100

　　　　资本公积　　　　　　　　　　　　　　　　50

C. 借：银行存款　　　　　　　　　　　　　　　　　150

　　贷：实收资本　　　　　　　　　　　　　　　150

  D. 借：银行存款   150

    贷：实收资本   100

      营业外收入   50

 3. 根据资料（3），以下关于甲公司提取法定盈余公积的说法，正确的是（ ）。

  A. 以前年度未分配利润有盈余（即年初未分配利润余额为正数），在计算提取法定盈余公积的基数时，不应包括企业年初未分配利润

  B. 公司制企业的盈余公积包括法定盈余公积和任意盈余公积

  C. 法定盈余公积累计额已达注册资本的40%时可以不再提取

  D. 法定盈余公积经批准可用于弥补亏损、转增资本

 4. 根据资料（3），下列各项中，甲公司年末结转净利润及利润分配的会计处理正确的是（ ）。

  A. 年末结转净利润：

  借：本年利润   200

    贷：利润分配——未分配利润   200

  B. 年末结转净利润：

  借：利润分配——未分配利润   200

    贷：本年利润   200

  C. 提取法定盈余公积：

  借：利润分配——提取法定盈余公积   20

    贷：盈余公积   20

  D. 向投资者分配利润：

  借：利润分配——应付现金股利或利润   60

    贷：应付股利   60

 5. 根据期初资料、资料（1）至（3），下列各项中，12月31日甲公司"利润分配——未分配利润"科目的期末余额是（ ）万元。

  A. 120   B. 170   C. 250   D. 230

2025 年度初级资格考试
《初级会计实务》全真模拟试题（七）

一、单项选择题（本类题共 20 小题，每小题 2 分，共 40 分。每小题备选答案中，只有一个符合题意的正确答案。多选、错选、不选均不得分。）

1. 下列各项中，关于会计监督职能表述正确的是（　　）。
   A. 会计监督是利用财务报告信息对经济决策备选方案进行的可行性分析
   B. 会计监督是对经济业务和会计核算的真实性、合法性和合理性的审查
   C. 会计监督是会计核算的基础
   D. 会计监督是会计的拓展职能

2. 某资产类账户的本期期初余额为 8 800 元，本期期末余额为 9 600 元，本期的减少额为 1 200 元。该科目本期增加额为（　　）元。
   A. 400　　　　　　B. 2 000　　　　　　C. 9 600　　　　　　D. 10 000

3. 单位会计信息化工作的第一责任人是（　　）。
   A. 单位会计部门负责人
   B. 单位分管会计工作的负责人
   C. 单位信息部门负责人
   D. 单位负责人

4. 下列各项中，关于企业无法查明原因的现金溢余，经批准后应贷记的会计科目是（　　）。
   A. 营业外收入　　　　　　　　　　B. 其他业务收入
   C. 其他应付款　　　　　　　　　　D. 管理费用

5. 企业购入商品采用售价金额核算，下列各项中，账务处理错误的是（　　）。
   A. 按商品售价，借记"库存商品"科目
   B. 按商品进价，借记"库存商品"科目
   C. 按商品进价，贷记"银行存款""在途物资""委托加工物资"等科目
   D. 按商品售价与进价之间的差额，贷记"商品进销差价"科目

6. 2024 年 3 月 20 日，甲公司合并乙企业，该项合并属于同一控制下的企业合并。

合并中，甲公司发行本公司普通股 1 000 万股（每股面值 1 元，市价为 3 元）作为对价取得乙企业 80% 股权。合并日，乙企业的净资产账面价值为 3 000 万元（相对于最终控制方而言），公允价值为 3 200 万元。假定合并前双方采用的会计政策及会计期间均相同。不考虑其他因素，甲公司对乙企业长期股权投资的初始确认金额为（   ）万元。

    A. 2 400   B. 2 100   C. 3 200   D. 3 000

7. 某企业 2024 年 7 月一台固定资产被盗，该固定资产原值 120 万元，已提折旧 12 万元，经过调查，该损失属于企业保管不善造成的，保险公司赔偿金为 20 万元。不考虑相关税费，则报经批准后应计入（   ）。

    A. 管理费用 88 万元   B. 营业外支出 88 万元

    C. 资产减值损失 88 万元   D. 其他应收款 88 万元

8. 下列各项中，企业无力支付到期银行承兑汇票票款时，应将该票据的票面额从"应付票据"科目的账面余额转入的会计科目是（   ）。

    A. 其他应付款   B. 营业外收入

    C. 应付账款   D. 短期借款

9. 某企业计提生产车间管理人员基本养老保险费 12 万元，下列关于该事项的会计处理正确的是（   ）。

    A. 借：管理费用   12

          贷：应付职工薪酬——设定提存计划——基本养老保险费   12

    B. 借：制造费用   12

          贷：应付职工薪酬——设定提存计划——基本养老保险费   12

    C. 借：制造费用   12

          贷：银行存款   12

    D. 借：制造费用   12

          贷：其他应付款   12

10. 企业委托加工应税消费品，如果收回后用于连续生产，委托方对于尚未支付的受托方代收代缴的消费税的会计处理，正确的是（   ）。

    A. 借记"原材料"科目，贷记"银行存款"科目

    B. 借记"应交税费——应交消费税"科目，贷记"应付账款"科目

    C. 借记"委托加工物资"科目，贷记"银行存款"科目

    D. 借记"委托加工物资"科目，贷记"应付账款"科目

11. 下列各项中，年终结转后，"利润分配——未分配利润"科目借方余额反映的是（   ）。

    A. 本年发生的净亏损   B. 历年累积未弥补的亏损

    C. 历年累积未分配的利润   D. 本年实现的净利润

12. 2024 年 1 月 1 日甲企业所有者权益情况如下：实收资本 200 万元，资本公积 17 万元，盈余公积 38 万元，未分配利润 32 万元。则该企业 2024 年 1 月 1 日留存收益为（   ）万元。

A. 32　　　　　　B. 38　　　　　　C. 70　　　　　　D. 87

13. 某企业与客户签订 M、N 两种商品销售合同，合同价款为 108 万元，M、N 商品单独售价分别为 30 万元、90 万元，成本分别为 22 万元、64 万元。合同约定，M 商品和 N 商品分别于合同开始日起 30 天内交付和 50 天内交付，当两种商品全部交付给客户，企业才有权收取全部合同价款。M、N 商品分别构成单项履约义务，其控制权在交付时转移给客户。上述价格均不包含增值税。不考虑其他因素，下列关于企业按合同要求交付 M 商品的会计处理，结果正确的是（　　）。

 A. 应收账款增加 30 万元　　　　　B. 发出商品增加 22 万元

 C. 营业收入增加 30 万元　　　　　D. 合同资产增加 27 万元

14. 下列各项会计科目中，期末通常有余额的是（　　）。

 A. 合同履约成本　　　　　　　　　B. 主营业务收入

 C. 其他业务收入　　　　　　　　　D. 管理费用

15. 2024 年甲企业实现主营业务收入 800 万元，其他业务收入 300 万元，营业外收入 50 万元。不考虑其他因素，甲企业 2024 年利润表中"营业收入"项目的列报金额为（　　）万元。

 A. 800　　　　　B. 1 100　　　　　C. 1 150　　　　　D. 850

16. 下列各项中，能引起现金流量净额变动的项目是（　　）。

 A. 往银行存入 10 万元现金

 B. 用固定资产抵偿债务

 C. 以银行存款购买 1 个月到期的债券

 D. 以银行存款清偿 10 万元的债务

17. 下列各项中，在不考虑各辅助生产车间相互提供劳务或产品的情况下，将各种辅助生产费用直接分配给辅助生产车间以外的各受益单位的分配方法是（　　）。

 A. 交互分配法　　　　　　　　　　B. 计划成本分配法

 C. 代数分配法　　　　　　　　　　D. 直接分配法

18. 甲产品经过两道工序加工完成，采用约当产量比例法将直接人工成本在完工产品和月末在产品之间进行分配。甲产品月初在产品和本月发生的直接人工成本总计 32 160 元。本月完工产品 220 件，月末第一工序在产品 30 件，完成全部工序的 40%；第二工序在产品 60 件，完成全部工序的 60%。月末在产品的直接人工成本为（　　）元。

 A. 3 200　　　　　B. 4 800　　　　　C. 5 760　　　　　D. 9 300

19. 事业单位收到从财政专户返还的事业收入时，在预算会计中应贷记的科目是（　　）。

 A. 应缴财政款　　　　　　　　　　B. 事业预算收入

 C. 事业收入　　　　　　　　　　　D. 财政拨款预算收入

20. 单位对外捐赠现金资产的，按照实际捐赠的金额，在预算会计中借记（　　）科目，贷记"资金结存——货币资金"科目。

 A. "其他支出"　　　　　　　　　　B. "资产处置费用"

    C. "待处理财产损溢"   D. "其他费用"

二、多项选择题（本类题共 10 小题，每小题 2 分，共 20 分。每小题备选答案中，有两个或两个以上符合题意的正确答案。少选得相应分值，多选、错选、不选均不得分。）

1. 下列各项中，属于会计职业特征的有（   ）。
    A. 会计职业的社会属性   B. 会计职业的规范性
    C. 会计职业的经济性   D. 会计职业的及时性

2. 下列各项中，关于库存现金的清查说法错误的有（   ）。
    A. 库存现金只需要进行定期清查
    B. 库存现金清查时出纳人员应该回避
    C. 清查人员应该亲自动手盘点库存现金
    D. 现金清查后，如果存在账实不符也不得调整库存现金日记账

3. 下列有关投资性房地产后续计量会计处理的表述中，正确的有（   ）。
    A. 不同企业可以分别采用成本模式或公允价值模式计量
    B. 同一企业不得同时采用成本模式和公允价值模式计量
    C. 同一企业可以同时采用成本模式和公允价值模式计量
    D. 满足特定条件时可以采用公允价值模式计量

4. 下列各项中，关于应付账款的会计处理正确的有（   ）。
    A. 货物与发票账单同时到达，待货物验收入库后，按发票账单登记入账
    B. 货物已到但发票账单未同时到达，待月份终了时暂估入账
    C. "应付账款"科目的贷方登记应付未付款项的增加
    D. 应付账款包括购入原材料时应支付的增值税

5. 下列各项中，属于企业留存收益的有（   ）。
    A. 按规定从净利润中提取的法定盈余公积
    B. 累积未分配的利润
    C. 从净利润中提取的任意盈余公积
    D. 发行股票的溢价收入

6. 下列各项中，属于营业利润的有（   ）。
    A. 信用减值损失   B. 投资收益
    C. 其他业务成本   D. 合同履约成本

7. 下列各项中，不影响企业利润表中"营业利润"项目的有（   ）。
    A. 无法查明原因的现金短缺
    B. 捐赠收入
    C. 取得交易性金融资产支付的交易费用
    D. 固定资产的毁损报废损失

8. 下列各项中，影响企业资产负债表中"其他应收款"项目的有（   ）。

A. 被投资单位宣告发放现金股利

B. 企业对外宣告发放现金股利

C. 期末计提交易性金融资产（债券）利息

D. 存出保证金

9. 下列关于企业辅助生产费用分配方法的表述中，不正确的有（　　）。

A. 采用直接分配法，辅助生产费用需要进行对外和对内分配

B. 采用计划成本分配法，辅助生产车间实际发生的费用与分配转出的计划费用之间的差额计入制造费用

C. 采用顺序分配法，辅助生产车间受益多的先分配，受益少的后分配

D. 采用交互分配法，辅助生产费用需要经过两次分配完成

10. 下列各项中，不属于政府会计流动负债的有（　　）。

A. 长期借款

B. 长期应付款

C. 应付长期政府债券

D. 应付短期政府债券

三、判断题（本类题共 10 小题，每小题 1 分，共 10 分。请判断每小题的表述是否正确。每小题答题正确的得 1 分，错答、不答均不得分，也不扣分。）

1. 会计法律制度是会计职业道德的重要补充，会计职业道德是会计法律制度的最低要求。　　　　　　　　　　　　　　　　　　　　　　　　　　　（　　）

2. 在借贷记账法下，企业为检查账户记录是否正确，可以采取发生额试算平衡和余额试算平衡两种计算平衡方法。　　　　　　　　　　　　　　　　　　（　　）

3. 企业为取得交易性金融资产发生的交易费用应计入交易性金融资产初始确认金额。　　　　　　　　　　　　　　　　　　　　　　　　　　　　　（　　）

4. 对于已达到预定可使用状态但尚未办理竣工决算的固定资产，待办理竣工决算后，若实际成本与原暂估价值存在差异的，应调整已计提折旧。　　　　　　（　　）

5. "长期应付款"科目的贷方登记发生的长期应付款，借方登记偿还的应付款项，期末贷方余额反映企业尚未偿还的长期应付款。　　　　　　　　　　　（　　）

6. 资本公积转增资本不影响所有者权益总额的变化。　　　　　　　　（　　）

7. "合同资产"科目与"应收账款"科目都是核算企业已向客户转让商品而有权收取对价的权利，因此，它与应收账款相同。　　　　　　　　　　　　　（　　）

8. 企业将应纳资源税的自产矿产品用于产品生产时，应交纳的资源税在利润表"税金及附加"项目中列示。　　　　　　　　　　　　　　　　　　　　（　　）

9. 在不考虑各辅助生产车间之间相互提供劳务或产品的情况下，将各种辅助生产费用直接分配给辅助生产以外的各受益单位的分配方法是代数分配法。（　　）

10. 政府决算报告是反映政府会计主体某一特定日期的财务状况和某一会计期间的运行情况及现金流量等信息的文件。　　　　　　　　　　　　　　　　（　　）

四、不定项选择题（本类题共 15 小题，每小题 2 分，共 30 分。每小题备选答案中，有一个或一个以上符合题意的正确答案，每小题全部选对得满分，少选得相应分值，多选、错选、不选均不得分。）

【第 1 题】

某公司为制造业增值税一般纳税人，生产 M 产品耗用的甲材料按实际成本核算，并采用先进先出法计价。2024 年 12 月初结存甲材料 1 000 千克，单位成本为 0.6 万元/千克，未计提存货跌价准备。12 月份该公司发生与甲材料有关的业务如下：

（1）5 日，购入甲材料 600 千克并验收入库，取得增值税专用发票上注明的价款为 360 万元，增值税税额为 46.8 万元，另以银行存款支付与材料采购相关的支出共计 6.51 万元，其中：运费 5 万元、增值税税额为 0.45 万元，保险费 1 万元、增值税税额为 0.06 万元，运费及保险费均已取得增值税专用发票。

（2）6 日，销售甲材料一批，开具的增值税专用发票上注明的价款为 270 万元，增值税税额为 35.1 万元，全部款项尚未收到。该销售业务符合收入确认条件。

（3）本月共发出甲材料 1 100 千克，按照发出先后顺序，依次为对外销售 300 千克，生产 M 产品领用 600 千克，自营建造厂房领用 200 千克。

（4）31 日，M 产品及甲材料发生减值，期末库存甲材料预计可变现净值为 280 万元。

要求：根据上述资料，不考虑其他因素，分析回答下列问题（答案中的金额单位用万元表示）。

1. 根据资料（1），下列各项中，关于该公司购入甲材料会计处理表述正确的是（　　）。

　A. 甲材料应按 366 万元入账

　B. 支付的运费 5 万元应计入管理费用

　C. 支付的保险费 1 万元应计入财务费用

　D. 应确认增值税进项税额 47.31 万元

2. 根据资料（2），下列各项中，该公司销售甲材料会计处理正确的是（　　）。

　A. 贷记"应交税费——应交增值税（销项税额）"科目 35.1 万元

　B. 贷记"主营业务收入"科目 270 万元

　C. 贷记"其他业务收入"科目 270 万元

　D. 借记"其他应收款"科目 305.1 万元

3. 根据期初资料、资料（1）至（3），下列各项中，该公司发出甲材料会计处理正确的是（　　）。

　A. 生产 M 产品领用材料时：

　借：生产成本——M 产品　　　　　　　　　　　360

　　　贷：原材料　　　　　　　　　　　　　　　　　　360

　B. 结转对外销售材料成本时：

　借：其他业务成本　　　　　　　　　　　　　180

    贷：原材料   180

  C. 自营建造厂房领用材料时：

   借：在建工程   121

    贷：原材料   121

  D. 自营建造厂房领用材料时：

   借：在建工程   135.6

    贷：原材料   120

     应交税费——应交增值税（进项税额转出） 15.6

  4. 根据期初资料、资料（1）至（4），下列各项中，期末甲材料发生减值会计处理正确的是（ ）。

   A. 借记"资产减值损失"科目 25 万元

   B. 借记"信用减值损失"科目 20 万元

   C. 贷记"存货跌价准备"科目 20 万元

   D. 贷记"存货跌价准备"科目 25 万元

  5. 根据期初资料、资料（1）至（4），下列各项中，该公司 2024 年 12 月 31 日库存甲材料的账面价值是（ ）万元。

   A. 301.875   B. 280   C. 305   D. 300

【第 2 题】

  甲公司为增值税一般纳税人，2024 年 1～6 月发生无形资产相关交易或事项如下：

  （1）甲公司自行研发一项非专利技术已进入开发阶段，截至 2024 年初"研发支出——资本化支出——非专利技术项目"科目余额为 470 000 元。2024 年 1～6 月，每月发生专职研发人员薪酬 60 000 元，共计 360 000 元；每月应负担专用设备折旧费 2 400 元，共计 14 400 元；共耗用原材料 96 000 元；以银行存款支付咨询费 19 600 元，取得的增值税专用发票上注明的增值税税额为 1 176 元。截至 6 月 29 日开发完成并调试，达到预定用途并交付行政管理部门使用，期间发生的开发支出全部符合资本化条件。

  （2）6 月 30 日，甲公司预计该非专利技术摊销期为 8 年，预计净残值为 0。采用年限平均法按月进行摊销。

  （3）6 月 30 日，甲公司将其购买的一项专利权转让给乙公司，开具的增值税专用发票上注明的价款为 600 000 元，增值税税额为 36 000 元，全部款项 636 000 元已存入银行。该专利权的成本为 720 000 元，已摊销 144 000 元，未计提减值准备。

  要求：根据上述资料，不考虑其他因素，分析回答下列问题。

  1. 根据资料（1），下列各项中，关于研发该非专利技术相关会计科目处理正确的是（ ）。

   A. 以银行存款支付咨询费时，借记"研发支出——资本化支出"科目 20 776 元

   B. 确认耗用原材料时，贷记"原材料"科目 96 000 元

   C. 每月计提专用设备折旧时，借记"研发支出——资本化支出"科目 2 400 元

   D. 每月分配专职研发人员薪酬时，借记"管理费用"科目 60 000 元

2. 根据资料（1），下列各项中，非专利技术达到预定用途时会计处理正确的是（   ）。
   A. 借记"无形资产"科目 960 000 元
   B. 借记"无形资产"科目 470 400 元
   C. 贷记"研发支出——资本化支出"科目 960 000 元
   D. 借记"管理费用"科目 374 400 元

3. 根据资料（1）至（2），下列各项中，6 月 30 日摊销非专利技术成本的会计处理正确的是（   ）。
   A. 借记"管理费用"科目 4 900 元
   B. 贷记"累计摊销"科目 4 900 元
   C. 借记"管理费用"科目 10 000 元
   D. 贷记"累计摊销"科目 10 000 元

4. 根据资料（3），下列各项中，出售专利权的会计科目处理正确的是（   ）。
   A. 贷记"资产处置损益"科目 24 000 元
   B. 贷记"无形资产"科目 720 000 元
   C. 借记"其他业务成本"科目 576 000 元
   D. 贷记"应交税费——应交增值税（销项税额）"科目 36 000 元

5. 根据资料（1）至（3），2024 年 6 月利润表中"营业利润"项目本期金额增加（   ）元。
   A. 24 000   B. 14 000   C. 18 000   D. 10 000

【第 3 题】

甲公司为增值税一般纳税人企业，其销售的产品为应纳增值税产品，适用的增值税税率为 13%，产品销售价款中均不含增值税税额。产品销售成本按经济业务逐项结转。2024 年甲公司发生如下经济业务：

（1）5 月 1 日销售 A 产品 1 200 件给乙公司，产品销售价格为 80 000 元，产品销售成本为 48 000 元。为了促销，甲公司给予乙公司 15% 的商业折扣并开具了增值税专用发票。产品已经发出，同时向银行办妥了托收手续。

（2）委托丙公司代销 C 产品一批，并将该批产品交付丙公司。代销合同规定甲公司按售价的 10% 向丙公司支付手续费，该批产品的销售价款为 120 000 元，产品销售成本为 66 000 元。

（3）6 月 10 日，因部分 A 产品的规格与合同不符，乙公司退回 A 产品 600 件。当日，甲公司按规定向乙公司开具增值税专用发票（红字），销售退回允许扣减当期增值税销项税额，退回商品已验收入库，款项尚未收到。

（4）丙公司已将代销的 C 产品全部售出，款项尚未支付给甲公司。甲公司在收到代销清单时向丙公司开具了增值税专用发票，并按合同规定确认应向丙公司支付的代销手续费，收到丙公司开具的提供代销服务的增值税专用发票。

（5）用银行存款支付发生的管理费用 6 780 元，计提坏账准备 4 000 元。

（6）销售产品应交的城市维护建设税为 2 100 元，应交的教育费附加为 900 元。

要求：根据上述资料，不考虑其他因素，分析回答下列问题。

1. 关于资料（1）和资料（3），下列说法正确的是（　　）。

    A. 5 月 1 日销售 A 产品应确认的主营业务收入为 68 000 元

    B. 5 月 1 日销售 A 产品应确认的应收账款为 78 880 元

    C. 6 月 10 日，因部分 A 产品被退回，确认减少主营业务收入 34 000 元

    D. 6 月 10 日，因部分 A 产品被退回，确认减少应收账款 39 440 元

2. 关于资料（2）和资料（4），下列说法中正确的是（　　）。

    A. 委托丙公司代销 C 产品，应当在发出产品时确认产品销售收入

    B. 甲公司在丙公司将 C 商品销售给最终客户时，应确认产品销售收入

    C. 向丙公司支付的代销手续费应记入"销售费用"科目

    D. 确认应收账款金额为 122 880 元

3. 甲公司根据上述资料计算的主营业务收入为（　　）元。

    A. 86 000   B. 34 000   C. 154 000   D. 188 000

4. 甲公司根据上述资料计算的主营业务成本为（　　）元。

    A. 90 000   B. 34 000   C. 42 000   D. 6 000

5. 甲公司根据上述资料应确认的营业利润为（　　）元。

    A. 38 220   B. 42 220   C. 50 220   D. 14 220

2025 年度初级资格考试
《初级会计实务》全真模拟试题（八）

一、单项选择题（本类题共 20 小题，每小题 2 分，共 40 分。每小题备选答案中，只有一个符合题意的正确答案。多选、错选、不选均不得分。）

1. 下列各项中，不属于会计基本假设的是（　　）。

   A. 会计主体　　　　　　　　　　　B. 持续经营

   C. 会计分期　　　　　　　　　　　D. 实物计量

2. 下列各项中，不属于会计职业道德的相关管理规定的是（　　）。

   A. 增强会计人员诚信意识

   B. 建设会计人员信用档案

   C. 会计职业道德管理的组织实施

   D. 建立完善的法律制度

3. 下列各项中，属于账账核对的是（　　）。

   A. 银行存款总账的期末余额与银行存款日记账的期末余额之间的核对

   B. 银行存款日记账账面余额与银行对账单余额定期核对

   C. 库存现金日记账与库存现金收款凭证的核对

   D. 库存现金日记账账面余额与现金实际库存数逐日核对

4. 对于银行已经收款而企业尚未入账的未达账项，企业应作的处理为（　　）。

   A. 以"银行对账单"为原始记录将该业务入账

   B. 根据"银行存款余额调节表"和"银行对账单"自制原始凭证入账

   C. 在编制"银行存款余额调节表"的同时入账

   D. 待有关结算凭证到达后入账

5. 企业对随同商品出售而不单独计价的包装物进行会计处理时，该包装物的实际成本应结转到的会计科目是（　　）。

   A. 制造费用　　　　　　　　　　　B. 管理费用

   C. 销售费用　　　　　　　　　　　D. 其他业务成本

6. 某企业为增值税一般纳税人，因雷电毁损原材料一批，该批材料的实际成本为

10 000 元，购入时确认的增值税税额 1 300 元，发生毁损应收保险公司赔偿 2 000 元。不考虑其他因素，该批原材料的毁损净损失为（　　）元。

　　A. 8 000　　　　　B. 10 000　　　　　C. 11 300　　　　　D. 9 300

7. 甲企业 2024 年 3 月 31 日，A 存货的实际成本为 100 万元，加工该存货至完工产成品估计还将发生成本 25 万元，估计销售费用和相关费用为 3 万元，估计该存货生产的产成品售价为 120 万元。假定 A 存货月初"存货跌价准备"科目余额为 12 万元，2024 年 3 月 31 日应计提的存货跌价准备为（　　）万元。

　　A. -8　　　　　B. 4　　　　　C. 8　　　　　D. -4

8. 某企业于 2024 年 3 月 16 日购入一项专利权，实际支付款项 240 万元，按 10 年的预计使用寿命采用直线法摊销。2025 年末，该无形资产的可收回金额为 160 万元，则计提减值准备为（　　）万元。

　　A. 20　　　　　B. 36　　　　　C. 39.2　　　　　D. 32

9. A 公司原持有 B 公司 40% 的股权，2024 年 12 月 31 日，A 公司决定出售所持有 B 公司全部股权，出售时 A 公司对 B 公司长期股权投资的账面价值为 12 800 万元，其中投资成本 9 600 万元，损益调整 2 400 万元，其他权益变动 800 万元。出售取得价款 17 000 万元。不考虑其他因素的影响，A 公司处置对 B 公司的长期股权投资时计入投资收益的金额为（　　）万元。

　　A. 4 200　　　　　B. 5 000　　　　　C. 5 800　　　　　D. 0

10. 下列各项中，应在"其他应付款"科目核算的是（　　）。

　　A. 应付股东的现金股利　　　　　B. 应收取的包装物的租金

　　C. 应付购买工程物资款　　　　　D. 收取的包装物押金

11. 某企业留存收益年初余额为 500 万元。本年实现净利润 750 万元，分别提取法定盈余公积 75 万元、任意盈余公积 37.5 万元。不考虑其他因素，该企业年末留存收益为（　　）万元。

　　A. 750　　　　　B. 1 175　　　　　C. 1 250　　　　　D. 1 137.5

12. 2024 年 1 月 1 日，甲公司与乙公司签订合同，向其销售 A 产品。合同约定，当乙公司在 2024 年的采购量不超过 2 000 件时，每件产品的价格为 80 元；当乙公司在 2024 年的采购量超过 2 000 件时，每件产品的价格为 70 元。乙公司在第一季度的采购量为 150 件，甲公司预计乙公司全年的采购量不会超过 2 000 件。2024 年 4 月，乙公司因完成产能升级而增加了原材料的采购量，第二季度共向甲公司采购 A 产品 1 000 件，甲公司预计乙公司全年的采购量将超过 2 000 件，因此，全年采购量适用的产品单价将调整为 70 元。甲公司 2024 年第二季度应确认收入为（　　）元。

　　A. 68 500　　　　　B. 8 000　　　　　C. 7 000　　　　　D. 0

13. 2024 年 11 月 1 日，甲公司向乙公司销售 100 台空调，并提供为期 1 年的因乙公司使用不当而发生的质量保证服务，合同总价款 40 万元，乙公司当日支付货款，空调已运送至乙公司。下列说法中正确的是（　　）。

　　A. 甲公司应于 2024 年 11 月 1 日确认收入 40 万元

B. 甲公司应将合同总价款在销售空调和提供质量保证服务之间进行分摊

C. 甲公司应于质量保证服务期满确认收入 40 万元

D. 甲公司该项销售业务符合在某一时点确认收入的条件

14. 某企业适用的所得税税率为 25%。2024 年度实现利润总额（税前会计利润）2 300 万元，其中，从其投资的未上市的居民企业取得现金股利 30 万元、支付违反环保法规罚款 10 万元。假定无递延所得税因素，该企业当期确认的所得税费用为（   ）万元。

A. 547.5   B. 527.5   C. 575   D. 570

15. 下列各项中，应在资产负债表"货币资金"项目列示的是（   ）。

A. 存出投资款   B. 银行承兑汇票

C. 应收股利   D. 交易性金融资产

16. 下列各项中，有关资产负债表中"应收账款"科目的填列方法正确的是（   ）。

A. 根据"应收账款""预收账款"借方明细科目的余额之和减去根据应收账款计提的坏账准备后的余额进行填列

B. 根据"应收账款""预付账款"借方明细科目的余额之和减去根据应收账款计提的坏账准备后的余额进行填列

C. 根据"应收账款""预收账款"贷方明细科目的余额之和减去根据应收账款计提的坏账准备后的余额进行填列

D. 根据"应收账款""预付账款"贷方明细科目的余额之和减去根据应收账款计提的坏账准备后的余额进行填列

17. 某企业生产甲、乙产品共同耗用的燃料费用按定额消耗量比例分配。2024 年 8 月，甲、乙两种产品共同耗用燃料 10 000 元，甲、乙两种产品的定额消耗量分别为 400 千克和 600 千克。2024 年 8 月，甲产品应分配的燃料费用为（   ）元。

A. 4 000   B. 5 000   C. 6 000   D. 8 000

18. 下列关于企业辅助生产费用分配方法的表述中，正确的是（   ）。

A. 采用直接分配法，辅助生产费用需要进行对外和对内分配

B. 采用计划成本分配法，辅助生产车间实际发生的费用与分配转出的计划费用之间的差额计入制造费用

C. 采用顺序分配法，辅助生产车间受益多的先分配，受益少的后分配

D. 采用交互分配法，辅助生产费用需要经过两次分配完成

19. 政府会计核算体系为"双功能"、"双基础"、"双报告"，其中"双报告"指的是（   ）。

A. 预算报告和财务报告   B. 绩效报告和预算报告

C. 决算报告和财务报告   D. 预算报告和决算报告

20. 下列各项中，年末单位"本年盈余分配"科目的余额应转入的会计科目是（   ）。

A. 本期盈余　　　　　　　　　　B. 累计盈余

C. 以前年度盈余调整　　　　　　D. 财政拨款结余

二、多项选择题（本类题共 10 小题，每小题 2 分，共 20 分。每小题备选答案中，有两个或两个以上符合题意的正确答案。少选得相应分值，多选、错选、不选均不得分。）

1. 下列各项中，属于自制一次原始凭证的有（　　）。

A. 收料单　　　　　　　　　　　B. 限额领料单

C. 工资结算表　　　　　　　　　D. 制造费用分配表

2. 企业取得商业承兑汇票时，下列各项中，应当构成应收票据入账金额的有（　　）。

A. 提供劳务应收取的款项　　　　B. 应收增值税税款

C. 代购货方垫付的运杂费　　　　D. 销售商品的运费

3. 下列各项中，企业应计入外购存货采购成本的有（　　）。

A. 入库前的挑选整理费　　　　　B. 材料购买价款（不含增值税）

C. 享受的商业折扣　　　　　　　D. 采购过程中发生的仓储费

4. 下列各项关于固定资产的会计处理中，正确的有（　　）。

A. 大修理发生的支出，符合资本化条件的，应当计入固定资产的成本

B. 与专设销售机构相关的固定资产日常修理费用，应当计入销售费用

C. 更新改造时发生的支出符合资本化条件的，应当予以资本化

D. 以租赁方式租入的使用权资产发生的改良支出，直接计入当期损益

5. A 公司、B 公司均为增值税一般纳税人，适用增值税税率为 13%，B 公司接受 A 公司投入商品一批，账面价值 50 000 元，投资合同约定价值 60 000 元，假设投资合同约定价值与公允价值相符，该投资未产生资本溢价，则 B 公司会计处理正确的有（　　）。

A. B 公司库存商品入账价值为 50 000 元

B. B 公司库存商品入账价值为 60 000 元

C. B 公司实收资本应增加 56 500 元

D. B 公司实收资本应增加 67 800 元

6. 下列各项中，关于采用支付手续费方式委托代销商品的会计处理，表述正确的有（　　）。

A. 委托方通常在收到受托方开出的代销清单时确认销售商品收入

B. 委托方发出商品时应按合同价记入"发出商品"科目

C. 受托方应在代销商品销售后按照双方约定的手续费确认营业收入

D. 受托方按合同价销售但不确认收入

7. 下列各项中，会使企业本期所得税费用大于本期应交所得税的有（　　）。

A. 递延所得税资产借方增加额

  B. 递延所得税资产贷方增加额

  C. 递延所得税负债借方增加额

  D. 递延所得税负债贷方增加额

  8. 2024 年 7 月，甲公司发生如下与货币资金有关的经济业务：支付差旅费 3 500 元，代扣代缴员工个人所得税 18 300 元，支付短期借款利息 5 000 元，支付专利权研究阶段支出 11 700 元，处置报废生产设备取得价款 10 000 元。不考虑其他因素，2024 年甲公司现金流量表相关项目编制正确的有（ ）。

  A. 经营活动产生的现金流量为 – 33 500 元

  B. 筹资活动产生的现金流量为 – 16 700 元

  C. 投资活动产生的现金流量为 – 1 700 元

  D. 现金及现金等价物净增加额为 – 28 500 元

  9. 甲企业为制造业企业，下列各项中，应计入甲企业产品生产成本的有（ ）。

  A. 企业行政管理人员的职工薪酬

  B. 生产产品耗用的燃料费

  C. 生产产品耗用的直接材料

  D. 生产产品耗用的动力费

  10. 2024 年 12 月 31 日，某事业单位经批准开展业务活动，收到"财政直接支付入账通知书"，通知书中直接支付金额为 500 000 元。该事业单位应做的会计分录有（ ）。

  A. 借：零余额账户用款额度   500 000

    贷：财政拨款收入   500 000

  B. 借：零余额账户用款额度   500 000

    贷：财政拨款预算收入   500 000

  C. 借：业务活动费用   500 000

    贷：财政拨款收入   500 000

  D. 借：事业支出   500 000

    贷：财政拨款预算收入   500 000

  三、判断题（本类题共 10 小题，每小题 1 分，共 10 分。请判断每小题的表述是否正确。每小题答题正确的得 1 分，错答、不答均不得分，也不扣分。）

  1. 会计职业道德的核心是诚信。   （ ）

  2. 银行已收取的企业当期的借款利息，企业未作付款的账务处理，是未达账项中的银行已收款，企业未付款。   （ ）

  3. 企业对原材料采用计划成本核算的，购入的材料无论是否验收入库，均需先通过"材料采购"科目进行核算。   （ ）

  4. 可变现净值的特征表现为存货的售价或合同价。   （ ）

  5. 企业持有投资性房地产的目的主要有赚取租金和资本增值。 （ ）

6. 企业按期摊销合同取得成本，应将摊销额计入销售费用。 （ ）

7. "固定资产"项目应根据"固定资产"科目的期末余额填列。 （ ）

8. 资产负债表中"未分配利润"项目，应根据"利润分配"科目期末余额直接填列。 （ ）

9. 对制造费用进行分配时，月末制造费用可以直接转入各产品生产成本。 （ ）

10. 按照规定对以前年度盈余的调整金额，通过"本年盈余分配"科目核算。 （ ）

四、不定项选择题（本类题共 15 小题，每小题 2 分，共 30 分。每小题备选答案中，有一个或一个以上符合题意的正确答案，每小题全部选对得满分，少选得相应分值，多选、错选、不选均不得分。）

【第 1 题】

甲公司对乙公司股权投资相关业务如下：

（1）2024 年 1 月 1 日，甲公司以银行存款 7 300 万元从非关联方取得了乙公司 20% 的有表决权股份，对其财务和经营政策具有重大影响。当日，乙公司所有者权益的账面价值为 40 000 万元，各项可辨认资产、负债的公允价值与账面价值均相等。本次投资前，甲公司不持有乙公司股份且与乙公司不具有关联方关系，甲公司的会计政策、会计期间和乙公司一致。

（2）乙公司 2024 年度实现的净利润为 6 000 万元，因持有的其他债权投资公允价值上升计入其他综合收益 380 万元。

（3）2025 年 4 月 1 日，乙公司宣告分配现金股利 1 000 万元；2025 年 4 月 10 日，甲公司按其持股比例收到乙公司分配的股利并存入银行。

（4）2025 年 12 月 31 日，乙公司接受其他股东的资本性投入 120 万元（属于除净损益、利润分配以外的所有者权益的其他变动）。

（5）2026 年 1 月 1 日，甲公司出售所持有乙公司全部股权，出售取得价款 9 500 万元。

要求：根据上述资料，不考虑其他因素，分析回答下列问题（答案中的金额单位用万元表示）。

1. 根据资料（1），关于 2024 年 1 月 1 日甲公司的会计处理中，正确的是（ ）。

　A. 长期股权投资的账面价值为 7 300 万元

　B. 应确认投资收益 700 万元

　C. 应确认营业外收入 700 万元

　D. 长期股权投资的账面价值为 8 000 万元

2. 根据资料（2），下列说法正确的是（ ）。

　A. 甲公司应确认投资收益 1 200 万元

　B. 甲公司应确认其他综合收益 76 万元

　C. 2024 年末甲公司长期股权投资账面价值为 9 276 万元

D. 甲公司应采用权益法进行后续计量

3. 根据资料（3），正确的会计分录为（　　）。

A. 借：应收股利　　　　　　　　　　　　　　200

　　　贷：长期股权投资——损益调整　　　　　　　　200

B. 借：应收股利　　　　　　　　　　　　　　200

　　　贷：投资收益　　　　　　　　　　　　　　　200

C. 借：银行存款　　　　　　　　　　　　　　200

　　　贷：应收股利　　　　　　　　　　　　　　　200

D. 借：银行存款　　　　　　　　　　　　　　200

　　　贷：营业外收入　　　　　　　　　　　　　　200

4. 根据资料（4），下列说法正确的是（　　）。

A. 被投资单位除净损益、利润分配以外的所有者权益变动不影响长期股权投资账面价值

B. 乙公司应确认资本公积 24 万元

C. 处置采用权益法核算的长期股权投资时，无须结转原记入"资本公积——其他资本公积"科目的金额

D. 2025 年 12 月 31 日，甲公司长期股权投资的账面价值为 9 100 万元

5. 根据资料（5），不考虑其他因素的影响，甲公司处置对乙公司的长期股权投资时计入投资收益的金额为（　　）万元。

A. 400　　　　　　　B. 500　　　　　　　C. 600　　　　　　　D. 0

【第 2 题】

甲企业为增值税一般纳税人，每月中旬发放上月工资。2024 年 8 月发生有关业务如下：

（1）15 日，根据"7 月份工资费用分配汇总表"结算应付职工工资总额 69.3 万元，其中企业代垫职工房租 2 万元、代垫职工家属医药费 0.8 万元、代扣个人所得税 1.2 万元，通过网银转账实发工资 65.3 万元。

（2）20 日，企业决定为每位销售人员发放一件本单位产品作为非货币性福利，该批产品的生产成本为 25 万元，市场不含税售价为 40 万元，适用的增值税税率为 13%。

（3）31 日，计提专设销售机构主管人员免费使用汽车的折旧费 1 万元，计提车间管理人员免费使用汽车的折旧费 4 万元。

（4）31 日，分配本月货币性职工薪酬 69.3 万元，其中产品生产工人工资 48 万元，车间管理人员工资 10.5 万元，行政管理人员工资 9.06 万元，专设销售机构人员工资 1.74 万元。

要求：根据上述资料，不考虑其他因素，分析回答下列问题（答案中的金额单位用万元表示）。

1. 根据资料（1），下列各项中，该企业结算并发放职工薪酬的会计科目处理正确的是（　　）。

    A. 代垫职工房租时，贷记"其他应付款——职工房租"科目 2 万元

    B. 代垫职工家属医药费时，贷记"应付职工薪酬——代垫医药费"科目 0.8 万元

    C. 代扣个人所得税时，贷记"应付职工薪酬——工资"科目 1.2 万元

    D. 通过网银转账发放货币性职工薪酬时，贷记"银行存款"科目 69.3 万元

  2. 根据资料（2），下列各项中，甲企业 8 月 20 日非货币性福利的会计处理正确的是（   ）。

    A. 借：销售费用   25
        贷：应付职工薪酬——非货币性福利   25

    B. 借：应付职工薪酬——非货币性福利   45.2
        贷：主营业务收入   40
          应交税费——应交增值税（销项税额）   5.2

    C. 借：应付职工薪酬——非货币性福利   25
        贷：库存商品   25

    D. 借：销售费用   45.2
        贷：应付职工薪酬——非货币性福利   45.2

  3. 根据资料（3），下列各项中，关于甲企业非货币性福利的会计处理正确的是（   ）。

    A. 确认制造费用 4 万元   B. 确认管理费用 5 万元

    C. 确认销售费用 1 万元   D. 确认管理费用 1 万元

  4. 根据资料（4），下列各项中，分配本月货币性职工工资的会计处理正确的是（   ）。

    A. 行政管理人员工资 9.06 万元应计入管理费用

    B. 产品生产工人工资 48 万元应计入生产成本

    C. 专设销售机构人员工资 1.74 万元应计入销售费用

    D. 车间管理人员工资 10.5 万元应计入管理费用

  5. 根据资料（1）至（4），该企业 2024 年 8 月 31 日资产负债表中"应付职工薪酬"项目"期末余额"栏应填列的金额为（   ）万元。

    A. 116.5   B. 113.5   C. 69.3   D. 45.2

【第 3 题】

  甲公司为增值税一般纳税人，是由乙、丙公司于 2021 年 1 月 1 日共同投资设立的一家有限责任公司。甲公司注册资本为 800 万元，乙公司和丙公司的持股比例分别为 60% 和 40%。2024 年 1~3 月甲公司所有者权益相关的交易或事项如下：

  （1）2024 年初所有者权益项目期初余额分别为：实收资本 800 万元、资本公积 100 万元、盈余公积 120 万元、未分配利润 300 万元。

  （2）2 月 23 日，经股东大会批准，甲公司对 2023 年度实现的净利润进行分配，决定提取任意盈余公积 20 万元。

  （3）3 月 18 日，甲公司按照相关法定程序经股东会批准，注册资本增加至 1 000

万元，接受丁公司投资一项价值 250 万元的专利技术，取得的增值税专用发票上注明的价款为 250 万元（与公允价值相符），增值税进项税额为 15 万元（由投资方支付税款，并提供增值税专用发票），丁公司享有甲公司 20% 的股份。

要求：根据上述资料，不考虑其他因素，分析回答下列问题（答案中的金额单位用万元表示）。

1. 根据资料（2），下列各项中，甲公司决定提取任意盈余公积的会计处理正确的是（　　）。

  A. 借：盈余公积——任意盈余公积   20
    贷：利润分配——提取任意盈余公积   20

  B. 借：盈余公积——任意盈余公积   20
    贷：未分配利润   20

  C. 借：利润分配——提取任意盈余公积   20
    贷：盈余公积——任意盈余公积   20

  D. 借：未分配利润   20
    贷：盈余公积——任意盈余公积   20

2. 根据资料（3），下列各项中，关于甲公司接受专利技术投资会计处理表述正确的是（　　）。

  A. 丁公司对甲公司的实际投资额应为 265 万元
  B. 贷记"资本公积"科目 65 万元
  C. 丁公司对甲公司的实际投资额应为 250 万元
  D. 贷记"实收资本"科目 200 万元

3. 根据资料（1）至（3），下列各项中，3 月末甲公司实收资本和权益份额表述正确的是（　　）。

  A. 丁公司的权益份额为 20%
  B. 甲公司的实收资本总额为 1 000 万元
  C. 丙公司的权益份额为 32%
  D. 乙公司的权益份额为 48%

4. 根据资料（1）至（3），2024 年 3 月 31 日甲公司资产负债表中"未分配利润"项目的"期末余额"栏填列正确的是（　　）万元。

  A. 260   B. 280   C. 220   D. 240

5. 根据资料（1）至（3），2024 年 3 月 31 日甲公司资产负债表中"所有者权益合计"项目的"期末余额"栏填列正确的是（　　）万元。

  A. 1 560   B. 1 585   C. 1 510   D. 1 525

2025 年度初级资格考试
《初级会计实务》全真模拟试题（一）
答案速查、参考答案及解析

答案速查

一、单项选择题

1. D	2. C	3. D	4. D	5. A
6. B	7. B	8. B	9. C	10. D
11. C	12. B	13. A	14. A	15. C
16. D	17. A	18. B	19. B	20. B

二、多项选择题

1. ABCD	2. ABD	3. AD	4. AB	5. BC
6. AD	7. ACD	8. AB	9. ABD	10. AC

三、判断题

1. ×	2. √	3. √	4. ×	5. √
6. ×	7. ×	8. ×	9. ×	10. ×

四、不定项选择题

第1题	1. ACD	2. D	3. A	4. ABCD	5. AC
第2题	1. AC	2. D	3. AC	4. ACD	5. ABC
第3题	1. BC	2. AD	3. ABD	4. B	5. C

参考答案及解析

一、单项选择题

1. 【答案】D

【解析】会计核算的内容主要包括：（1）资产的增减和使用（选项 A）；（2）负债的增减；（3）净资产（所有者权益）的增减；（4）收入、支出、费用、成本的增减；（5）财务成果的计算和处理（选项 B）；（6）需要办理会计手续、进行会计核算的其他事项（选项 C）。故选项 D 符合题意。

【依据】《初级会计实务》第一章第 3 页

2. 【答案】C

【解析】权责发生制，是指以取得收取款项的权利或支付款项的义务为标志来确定本期收入和费用的会计核算基础。选项 A，应当确认为上月收入；选项 B，应在下季度内摊销；选项 D，应当在发货时确认收入。

【依据】《初级会计实务》第一章第 6 ~ 7 页

3. 【答案】D

【解析】借贷记账法下，账户的左方称为借方，右方称为贷方。所有账户的借方和贷方按相反方向记录增加数和减少数，即一方登记增加额，另一方就登记减少额。至于"借"表示增加（或减少），还是"贷"表示增加（或减少），则取决于账户的性质与所记录经济内容的性质。

【依据】《初级会计实务》第二章第 28 页

4. 【答案】D

【解析】交易性金融资产持有期间所获得的现金股利，应确认为投资收益。

【依据】《初级会计实务》第三章第 72 页

5. 【答案】A

【解析】2024 年 9 月，存货单位成本 = [2 000 × 2 + 2 000 × 2.1] ÷ (2 000 + 2 000) = 2.05（万元）；9 月 30 日结存原材料的实际成本 = (2 000 - 1 500 + 2 000 - 1 000) × 2.05 = 3 075（万元）。

【依据】《初级会计实务》第三章第 93 页

6. 【答案】B

【解析】处置时影响损益的金额 = 1 050 - 1 020 = 30（万元）。处置时相关账务处理为：

借：银行存款	1 050
贷：其他业务收入	1 050
借：其他业务成本	1 020

　　贷：投资性房地产——成本　　　　　　　　　　　　　　　　1 000

　　　　　　　　　　　——公允价值变动　　　　　　　　　　　　20

　借：公允价值变动损益　　　　　　　　　　　　　　　　　　　20

　　贷：其他业务成本　　　　　　　　　　　　　　　　　　　　　20

　　通过分录计算，处置损益 = 其他业务收入（1 050）– 其他业务成本（1 020）– 公允价值变动损益（20）+ 其他业务成本的减少（20）= 30（万元）。

【依据】《初级会计实务》第四章第 133 页

7.【答案】B

【解析】第 1 年应提的折旧额 = 100 × 2/5 = 40（万元）；

第 2 年应提的折旧额 =（100 – 40）× 2/5 = 24（万元）；

第 3 年应提的折旧额 =（100 – 40 – 24）× 2/5 = 14.4（万元）；

第 4 年、第 5 年应提的折旧额 =（100 – 40 – 24 – 14.4 – 5）/2 = 8.3（万元）。

【依据】《初级会计实务》第四章第 143 页

8.【答案】B

【解析】7 月、8 月计提利息时：

　借：财务费用　　　　　　　　　　　　　　　　　　　　　　　7 500

　　贷：应付利息　　　　　　　　　　　　　　　　　　　　　　　7 500

9 月末支付利息时：

　借：财务费用　　　　　　　　　　　　　　　　　　　　　　　7 500

　　　应付利息　　　　　　　　　　　　　　　　　　　　　　　15 000

　　贷：银行借款　　　　　　　　　　　　　　　　　　　　　　22 500

【依据】《初级会计实务》第五章第 163 页

9.【答案】C

【解析】应付票据中的票据是指商业承兑汇票、财务公司承兑汇票、银行承兑汇票。银行汇票和银行本票通过"其他货币资金"科目核算，转账支票通过"银行存款"科目核算。

【依据】《初级会计实务》第五章第 164 ~ 165 页

10.【答案】D

【解析】将自产产品作为福利发放给职工，确认时，借贷方的金额都是含税公允价值。该企业发放电暖器应确认的应付职工薪酬 = 60 × 1 500 ×（1 + 13%）= 101 700（元）。

【依据】《初级会计实务》第五章第 176 页

11.【答案】C

【解析】该公司年末所有者权益总额 = 2 000 + 400 – 40 + 40 = 2 400（万元）。

【依据】《初级会计实务》第六章第 205 ~ 207 页

12.【答案】B

【解析】股份有限公司发行股票发生的手续费、佣金等交易费用，应从溢价中抵扣，冲减资本公积（股本溢价）。甲公司发行股票应计入资本公积的金额 = 5 × 100 000 − 1 × 100 000 − 10 000 = 390 000（元），选项 B 正确。

【依据】《初级会计实务》第六章第 202 页

13.【答案】A

【解析】预计产品质量保证损失属于销售费用核算的内容，由于是因 2024 年度的销售而发生的，所以该笔销售费用应计入 2024 年，与当年的销售收入形成因果上的配比。

【依据】《初级会计实务》第七章第 235 页

14.【答案】A

【解析】短期借款利息支出记入"财务费用"的借方；银行存款利息收入记入"财务费用"的贷方；银行承兑手续费记入"财务费用"的借方，所以期末"财务费用"的金额 = 90 − 1 + 15 = 104（万元）。

【依据】《初级会计实务》第七章第 237 页

15.【答案】C

【解析】固定资产有备抵科目，应根据"投资性房地产""固定资产"科目的期末余额，减去"投资性房地产减值准备""投资性房地产累计折旧""累计折旧""固定资产减值准备"等备抵科目的期末余额，以及"固定资产清理"科目期末余额后的净额填列。

【依据】《初级会计实务》第八章第 255 页

16.【答案】D

【解析】资产负债表的右方为负债及所有者权益项目，一般按要求清偿期限长短的先后顺序排列，选项 D 错误。

【依据】《初级会计实务》第八章第 251 页

17.【答案】A

【解析】每生产工时燃料费 = 12 000 ÷（200 + 400）= 20（元/工时）；

甲产品应分担的材料费 = 20 × 200 = 4 000（元）；

乙产品应分担的材料费 = 20 × 400 = 8 000（元）。

【依据】《初级会计实务》第九章第 287 ~ 288 页

18.【答案】B

【解析】交互分配法属于辅助生产费用的分配方法，选项 A 错误；代数分配法属于辅助生产费用的分配方法，选项 C 错误；机器工时比例法属于制造费用的分配方法，选项 D 错误。

【依据】《初级会计实务》第九章第 299 ~ 300 页

19.【答案】B

【解析】在财政授权支付方式下，单位收到代理银行盖章的"授权支付到账通知书"时，根据到账通知书所列数额，在财务会计中借记"零余额账户用款额度"科目，贷记"财政拨款收入"科目。

【依据】《初级会计实务》第十章第 316 页

20. 【答案】B

【解析】事业单位接受捐赠的非现金资产，没有相关凭据且未经资产评估、同类或类似资产的市场价格也无法可靠取得的，按照名义金额（人民币 1 元）入账。对于投资和公共基础设施、政府储备物资、保障性住房、文物文化资产等经管资产而言，其初始成本只能按照前三个层次进行计量，不能采用名义金额计量。

【依据】《初级会计实务》第十章第 324 页

二、多项选择题

1. 【答案】ABCD

【解析】小企业会计准则主要适用于符合《中小企业划型标准规定》所规定的小型企业标准的企业，但以下三类小企业除外：（1）股票或债券在市场上公开交易的小企业；（2）金融机构或其他具有金融性质的小企业；（3）企业集团内的母公司和子公司。故选项 A、B、C、D 均正确。

【依据】《初级会计实务》第一章第 16 页

2. 【答案】ABD

【解析】选项 A 计入其他应付款，选项 B 计入应交税费——应交消费税，选项 D 计入应付账款，均属于流动负债。选项 C 计入长期借款——应计利息，属于非流动负债。

【依据】《初级会计实务》第二章第 21 页

3. 【答案】AD

【解析】选项 B 错误，以前减记存货价值的影响因素已经消失的，减记的金额应当予以恢复，并在原已计提的存货跌价准备金额内转回；选项 C 错误，"存货跌价准备"科目的期末余额一般在贷方，反映企业已计提但尚未转销的存货跌价准备。

【依据】《初级会计实务》第三章第 118 页

4. 【答案】AB

【解析】（1）购进三台设备应计入固定资产的总成本 = 925 + 75 = 1 000（万元）。

（2）确定设备甲、乙、丙的价值分配比例：

甲设备应分配的固定资产价值比例 = 300/（300 + 480 + 420）× 100% = 25%；

乙设备应分配的固定资产价值比例 = 480/（300 + 480 + 420）× 100% = 40%；

丙设备应分配的固定资产价值比例 = 420/（300 + 480 + 420）× 100% = 35%。

（3）确定设备甲、乙、丙各自的成本：

甲设备的成本 = 1 000 × 25% = 250（万元）；

乙设备的成本 = 1 000 × 40% = 400（万元）；

丙设备的成本 = 1 000 × 35% = 350（万元）。

（4）应编制如下会计分录：

借：固定资产——甲设备　　　　　　　　　　　　　　　　　250

　　　　　　——乙设备　　　　　　　　　　　　　　　　　400

```
          ——丙设备                                                350
  应交税费——应交增值税（进项税额）                            120.25
    贷：银行存款                                              1 120.25
```

【依据】《初级会计实务》第四章第 137 页

5.【答案】BC

【解析】选项 A，企业将拥有的房屋等资产无偿提供给职工使用的，应当根据受益对象，按照该住房每期应计提的折旧计入相关资产成本或当期损益，同时确认应付职工薪酬；选项 D，企业以其自产产品作为非货币性福利发放给职工的，应当根据受益对象，按照产品的含税公允价值，计入相关资产成本或当期损益，同时确认应付职工薪酬。

【依据】《初级会计实务》第五章第 176～177 页

6.【答案】AD

【解析】选项 B 通过"银行存款""营业外收入"等科目核算；选项 C 用"银行存款""固定资产""应交税费"等科目核算。

【依据】《初级会计实务》第六章第 206 页

7.【答案】ACD

【解析】选项 B，通过"所得税费用"科目核算。

【依据】《初级会计实务》第七章第 239、244 页

8.【答案】AB

【解析】选项 C，属于经营活动产生的现金流量；选项 D，属于投资活动产生的现金流量。

【依据】《初级会计实务》第八章第 273 页

9.【答案】ABD

【解析】为正确计算产品成本，必须正确划分以下五个方面的费用界限：一是正确划分收益性支出和资本性支出的界限；二是正确划分成本费用、期间费用和营业外支出的界限；三是正确划分本期成本费用与以后期间成本费用的界限；四是正确划分各种产品成本费用的界限；五是正确划分本期完工产品与期末在产品成本的界限。

【依据】《初级会计实务》第九章第 283～284 页

10.【答案】AC

【解析】事业单位通过单位零余额账户转账支付，属于财政授权支付方式，该业务应进行财务会计和预算会计处理。

财务会计：

```
借：固定资产——办公设备                                      8 000
  贷：零余额账户用款额度                                      8 000
```

预算会计：

```
借：事业支出                                                8 000
  贷：资金结存——零余额账户用款额度                            8 000
```

因此，选项 A、C 正确。

【依据】《初级会计实务》第十章第 316 页

三、判断题

1. 【答案】×

【解析】财产清查产生的损溢，如果在期末结账前尚未经批准，在对外提供财务报表时，先按相关规定进行相应账务处理，并在附注中作出说明，其后如果批准处理的金额与已处理金额不一致的，调整财务报表相关项目的期初数。

【依据】《初级会计实务》第二章第 52 页

2. 【答案】√

【解析】企业出借给客户使用的包装物的摊销额，应计入销售费用。

【依据】《初级会计实务》第三章第 108～109 页

3. 【答案】√

【解析】对已出租的土地使用权、已出租的建筑物，其作为投资性房地产的确认时点一般为租赁期开始日，即土地使用权、建筑物进入出租状态、开始赚取租金的日期。但对企业持有以备经营出租的空置建筑物，董事会或类似机构作出书面决议，明确表明将其用于经营出租且持有意图短期内不再发生变化的，即使尚未签订租赁协议，也应视为投资性房地产。

【依据】《初级会计实务》第四章第 129 页

4. 【答案】×

【解析】企业无论按面值发行还是溢价发行或折价发行债券，应按实际收到的金额，借记"银行存款""库存现金"等科目，按债券票面价值，贷记"应付债券——面值"科目；实际收到的款项与债券票面金额的差额，借记或贷记"应付债券——利息调整"科目。

【依据】《初级会计实务》第五章第 197 页

5. 【答案】√

【解析】所有者权益是指企业资产扣除负债后由所有者享有的剩余权益，其具有以下特征：（1）除非发生减资、清算或分派现金股利，企业不需要偿还所有者权益；（2）企业清算时，只有在清偿所有的负债后，所有者权益才返还给所有者；（3）所有者凭借所有者权益能够参与企业利润的分配。

【依据】《初级会计实务》第六章第 200 页

6. 【答案】×

【解析】企业应根据所签订金融工具的合同条款及其所反映的经济实质在初始确认时将该金融工具或其组成部分分类为金融资产、金融负债或权益工具，而不能仅仅根据其名称中是否包含"股"或"债"。也就是说，优先股和永续债均有可能被分类为权益工具或金融负债。

【依据】《初级会计实务》第六章第 207 页

7.【答案】×

【解析】如果选择权向客户提供了重大权利，企业应当在未来转让这些商品或服务时或选择权失效时确认收入。

【依据】《初级会计实务》第七章第229页

8.【答案】×

【解析】企业资产负债表中"其他综合收益"项目金额与所有者权益变动表中"其他综合收益"项目金额相等。"综合收益总额"项目，反映净利润和其他综合收益扣除所得税影响后的净额相加后的合计金额。

【依据】《初级会计实务》第八章第266页

9.【答案】×

【解析】企业应当按照权责发生制的原则，根据产品的生产特点和管理要求结转成本。企业不得以计划成本、标准成本、定额成本等代替实际成本。企业采用计划成本、标准成本、定额成本等类似成本进行直接材料日常核算的，期末，应当将耗用直接材料的计划成本或定额成本等类似成本调整为实际成本。

【依据】《初级会计实务》第九章第304页

10.【答案】×

【解析】政府财务会计要素包括资产、负债、净资产、收入和费用，不包含利润。

【依据】《初级会计实务》第十章第310页

四、不定项选择题

【第1题】

1.【答案】ACD

【解析】选项B，一般纳税人委托加工物资时支付给受托方的增值税不计入委托加工物资成本，应单独作为增值税进项税额予以抵扣。

【依据】《初级会计实务》第三章第96、111～112、118页

2.【答案】D

【解析】记入"委托加工物资"科目的金额 = 50 × 1 000 + 500 = 50 500（元）。

【依据】《初级会计实务》第三章第111～113页

3.【答案】A

【解析】资料（2）的会计分录如下：

借：材料采购　　　　　　　　　　　　　　　　　488 400

　　应交税费——应交增值税（进项税额）　　　　62 400

　　　贷：其他货币资金　　　　　　　　　　　　　　550 800

借：原材料　　　　　　　　　　　　　　　　　　500 000

　　　贷：材料采购　　　　　　　　　　　　　　　　488 400

　　　　　材料成本差异　　　　　　　　　　　　　　11 600

借：银行存款　　　　　　　　　　　　　　　　　49 200

　　贷：其他货币资金　　　　　　　　　　　　　　　　　　　　　　49 200

【依据】《初级会计实务》第三章第 101～105 页

4. 【答案】ABCD

【解析】选项 A，因自然灾害毁损的原材料，进项税额可以抵扣，不作转出处理；选项 B，应收保险公司赔偿款记入"其他应收款"科目；选项 C，生产车间生产产品耗用的原材料记入"生产成本"科目；车间管理部门耗用的原材料记入"制造费用"科目。

【依据】《初级会计实务》第三章第 105、116～117 页

5. 【答案】AC

【解析】"原材料"科目 7 月末余额 =（2 000－1 000＋10 000－5 500－50）×50 = 272 500（元）；A 材料期末记入"存货"项目的金额 = 272 500 +（1＋1%）= 275 225（元）；A 材料的可变现净值 250 000 元低于账面价值 275 225 元，应计提存货跌价准备。

【依据】《初级会计实务》第三章第 118～119 页

【第 2 题】

1. 【答案】AC

【解析】研究阶段以及开发阶段不符合资本化的部分均应记入"研发支出——费用化支出"科目，期末转入"管理费用"科目，其中应当费用化的金额 = 100＋300 = 400（万元），资本化金额为 500 万元；符合资本化条件的，发生支出时记入"研发支出——资本化支出"科目，待达到预定可使用状态时再转入"无形资产"科目。因此，选项 A、C 正确，选项 B、D 错误。

【依据】《初级会计实务》第四章第 156 页

2. 【答案】D

【解析】研究阶段以及开发阶段不符合资本化的部分均应计入管理费用，所以计入该项非专利技术的金额为 500 万元，选项 A 错误；使用寿命不确定的无形资产不用计提摊销，因此，选项 B、C 错误，选项 D 正确。

【依据】《初级会计实务》第四章第 156～157 页

3. 【答案】AC

【解析】出租无形资产的租金计入其他业务收入，其摊销额计入其他业务成本。

【依据】《初级会计实务》第四章第 158 页

4. 【答案】ACD

【解析】该笔业务的账务处理如下：

借：银行存款　　　　　　　　　　　　　　　　　　　　　　80

　　累计摊销　　　　　　　　　　　　　　　　　　　　　　60

　　　贷：无形资产　　　　　　　　　　　　　　　　　　　　　100

　　　　　资产处置损益　　　　　　　　　　　　　　　　　　　　40

资产处置损益影响营业利润 40 万元，同时影响利润总额 40 万元。因此，选项 A、

C、D 正确，选项 B 错误。

【依据】《初级会计实务》第四章第 158～159 页

5.【答案】ABC

【解析】非专利技术账面原值 500 万元，可收回金额 300 万元，应计提减值准备 200 万元，同时记入"资产减值损失"科目，影响营业利润 200 万元，计提完减值后的账面价值为 500－200＝300（万元）。因此，选项 A、B、C 正确，选项 D 错误。

【依据】《初级会计实务》第四章第 159、160 页

【第 3 题】

1.【答案】BC

【解析】应收账款、主营业务收入都应以扣除商业折扣后的实际发票金额计算，对于现金折扣甲公司应按最可能发生金额确定其有权获取的对价金额。所以甲公司应确认收入＝100×（1－10%）×（1－2%）＝88.2（万元），应确认应收账款＝88.2＋90×13%＝99.9（万元）。会计分录为：

借：应收账款		99.9
贷：主营业务收入		88.2
应交税费——应交增值税（销项税额）		11.7
借：主营业务成本		80
贷：库存商品		80

【依据】《初级会计实务》第七章第 220、223 页

2.【答案】AD

【解析】甲公司虽然已预收了部分货款，但商品尚未发出，即甲公司尚未履行合同履约义务，丙公司尚未取得商品的控制权，所以不符合收入确认条件，预收的款项应确认为合同负债，表示对于客户的履约发货义务（负债）。会计分录为：

借：银行存款		40
贷：合同负债		40

【依据】《初级会计实务》第五章第 168 页

3.【答案】ABD

【解析】甲公司委托丁公司代销商品，甲公司有权将未售出商品收回或将商品销售给其他客户，丁公司有权将未售出商品退回甲公司，表明丁公司未取得商品的控制权，所以发出商品时不应确认收入，待丁公司将商品销售给客户时再确认收入。会计分录为：

借：发出商品		80
贷：库存商品		80
借：银行存款		56.5
贷：主营业务收入		50
应交税费——应交增值税（销项税额）		6.5
借：主营业务成本		40

贷：发出商品		40
借：销售费用	5	
应交税费——应交增值税（进项税额）	0.3	
贷：应付账款		5.3

【依据】《初级会计实务》第七章第 221 页

4.【答案】B

【解析】"其他业务收入"科目核算企业确认的除主营业务活动以外的其他经营活动实现的收入，包括出租固定资产、出租无形资产、出租包装物和商品、销售材料等实现的收入。营业收入会导致营业利润增加，而营业外收入包括主营业务收入和其他业务收入。

【依据】《初级会计实务》第七章第 218、238 页

5.【答案】C

【解析】影响营业利润的损益如下：资料（1）形成销售收入 88.2 万元，销售成本 80 万元；资料（2）中由于甲公司采用预收货款方式销售，但截至月末未发出商品，所以不确认收入和结转成本；资料（3）形成销售收入 50 万元，销售成本 40 万元，销售费用 5 万元；资料（4）形成其他业务收入 40 万元，其他业务成本 30 万元。所以，营业利润 =（88.2－80）+（50－40－5）+（40－30）=23.2（万元）。

【依据】《初级会计实务》第七章第 238 页

2025 年度初级资格考试
《初级会计实务》全真模拟试题（二）
答案速查、参考答案及解析

答案速查

一、单项选择题

1. B	2. B	3. A	4. A	5. B
6. C	7. C	8. C	9. C	10. C
11. D	12. A	13. A	14. C	15. C
16. B	17. C	18. D	19. C	20. D

二、多项选择题

1. ACD	2. ABC	3. ABD	4. ABC	5. AC
6. ABD	7. CD	8. AB	9. ABCD	10. ABCD

三、判断题

1. ×	2. √	3. ×	4. ×	5. √
6. ×	7. ×	8. ×	9. ×	10. ×

四、不定项选择题

第1题	1. D	2. AD	3. A	4. A	5. C
第2题	1. ABC	2. A	3. C	4. D	5. B
第3题	1. ACD	2. BC	3. BD	4. AC	5. ABD

参考答案及解析

一、单项选择题

1. 【答案】B

【解析】预测经济前景、参与经济决策和评价经营业绩属于会计拓展职能，选项 A、C、D 错误。

【依据】《初级会计实务》第一章第 4 页

2. 【答案】B

【解析】收到银行借款并存入银行，资产与负债同时增加，选项 A 错误；收到投资者投入的作为出资的原材料，原材料增加，实收资本增加，所以资产和所有者权益同时增加，选项 B 正确；以转账支票归还长期借款，为资产与负债同时减少，选项 C 错误；提取盈余公积，所有者权益内部变动，选项 D 错误。

【依据】《初级会计实务》第二章第 24 ~ 25 页

3. 【答案】A

【解析】选项 B、C、D 都属于需要进行局部清查的情形。

【依据】《初级会计实务》第二章第 48 页

4. 【答案】A

【解析】销售毛利 $= 300 \times 20\% = 60$（万元）；本期销售成本 $= 300 - 60 = 240$（万元）；月末"库存商品"科目的期末余额 $= 150 + 250 - 240 = 160$（万元）。

【依据】《初级会计实务》第三章第 114 ~ 115 页

5. 【答案】B

【解析】已售出但货物尚未发出的存货，所有权已经转移，不属于企业的存货。

【依据】《初级会计实务》第三章第 87 ~ 88 页

6. 【答案】C

【解析】

（1）长期股权投资的初始投资成本 $= 300 \times 5 + 4 = 1504$（万元）。

（2）投资日享有被投资方可辨认净资产公允价值的份额 $= 8\,000 \times 20\% = 1600$（万元）。因为投资日享有被投资方可辨认净资产公允价值的份额高于长期股权投资的初始投资成本，应调整的初始入账价值 $= 1\,600 - 1\,504 = 96$（万元），故长期股权投资的初始入账价值为 1\,600 万元，会计分录如下：

借：长期股权投资——成本	1 504	
贷：银行存款		1 504
借：长期股权投资——成本	96	
贷：营业外收入		96

选项 C 正确。

【依据】《初级会计实务》第四章第 125 ~ 126 页

7. 【答案】C

【解析】账务处理为：

借：投资性房地产	4 850
累计折旧	200
固定资产减值准备	100
贷：固定资产	4 000
其他综合收益	1 150

【依据】《初级会计实务》第四章第 131 ~ 132 页

8. 【答案】C

【解析】净收益 = 360 – (370 – 110 + 10) = 90（万元），相关会计分录为：

借：固定资产清理	260
累计折旧	110
贷：固定资产	370
借：固定资产清理	10
贷：银行存款	10
借：银行存款	392.4
贷：固定资产清理	360
应交税费——应交增值税（销项税额）	32.4
借：固定资产清理	90
贷：资产处置损益	90

【依据】《初级会计实务》第四章第 148 ~ 149 页

9. 【答案】C

【解析】该企业应确认的转让无形资产净收益 = 28 – (50 – 20 – 5) = 3（万元）。增值税对无形资产转让的净损益没有影响。

【依据】《初级会计实务》第四章第 158 ~ 159 页

10. 【答案】C

【解析】对于企业确实无法支付的应付账款应结转至"营业外收入"中。

【依据】《初级会计实务》第五章第 168 页

11. 【答案】D

【解析】材料加工完毕入库时的成本 = 50 + 12 + 1.56 + 2 = 65.56（万元）。

【依据】《初级会计实务》第五章第 188 页

12. 【答案】A

【解析】其他应付款是指企业除应付票据、应付账款、合同负债、应付职工薪酬、应交税费、应付利息、应付股利等经营活动以外的其他各项应付、暂收的款项，如应付短期租赁固定资产租金、应付低价值资产租赁的租金、应付租入包装物租金、出租或出借包装物向客户收取的押金、存入保证金等，选项 A 正确。

【依据】《初级会计实务》第五章第 170 页

13.【答案】A

【解析】企业当年实现净利润会导致所有者权益增加。选项 B、C、D 属于所有者权益内部的一增一减，所有者权益总额不变。

【依据】《初级会计实务》第六章第 215 页

14.【答案】C

【解析】回购股票时：

借：库存股 　　　　　　　　　　　　　　　　　　　　　　500

　　贷：银行存款 　　　　　　　　　　　　　　　　　　　　　　500

注销股份时：

借：股本 　　　　　　　　　　　　　　　　　　　　　　100

　　资本公积——股本溢价 　　　　　　　　　　　　　　400

　　贷：库存股 　　　　　　　　　　　　　　　　　　　　　　500

【依据】《初级会计实务》第六章第 206 页

15.【答案】C

【解析】交易价格是指企业因向客户转让商品而预期有权收取的对价金额。

【依据】《初级会计实务》第七章第 223 页

16.【答案】B

【解析】甲公司因销售 A 产品应确认的主营业务收入 $= 400 \times 500 \times (1 - 30\%) = 140\ 000$（元），应结转的主营业务成本 $= 400 \times 400 \times (1 - 30\%) = 112\ 000$（元），因此对 2023 年度利润总额的影响 $= 140\ 000 - 112\ 000 = 28\ 000$（元）。

【依据】《初级会计实务》第七章第 239 页

17.【答案】C

【解析】税金及附加是指企业经营活动应负担的相关税费，包括消费税、城市维护建设税、教育费附加、资源税、房产税、城镇土地使用税、车船税、印花税等。2024 年 12 月"税金及附加"科目本期金额 $= 3.5 + 1.5 + 20 + 3 = 28$（万元）。

【依据】《初级会计实务》第七章第 233 页

18.【答案】D

【解析】"预付款项"项目，反映企业按照购货合同规定预付给供应单位的款项等。本项目应根据"预付账款"和"应付账款"科目所属各明细科目的期末借方余额合计数，减去"坏账准备"科目中有关预付账款计提的坏账准备期末余额后的净额填列，选项 D 正确。

【依据】《初级会计实务》第八章第 257 页

19.【答案】C

【解析】第二道工序在产品的完工进度 $= (360 + 240 \times 65\%) \div (360 + 240) \times 100\% = 86\%$，第二道工序在产品的约当产量 $= 250 \times 86\% = 215$（件），选项 C 正确。

【依据】《初级会计实务》第九章第 300 页

20.【答案】D

【解析】在财政授权支付方式下，单位根据收到的"财政授权支付到账通知书"，应按照通知书中所列示数额，在预算会计中借记"资金结存——零余额账户用款额度"科目，贷记"财政拨款预算收入"科目，选项 B、C 属于预算会计处理，不符合题意；同时在财务会计中借记"零余额账户用款额度"科目，贷记"财政拨款收入"科目，选项 A 错误、选项 D 正确。

【依据】《初级会计实务》第十章第 316 页

二、多项选择题

1.【答案】ACD

【解析】企业会计准则体系中，基本准则在企业会计准则体系中起统驭作用，是具体准则制定的依据，选项 B 错误。选项 A、C、D 均正确。

【依据】《初级会计实务》第一章第 16 页

2.【答案】ABC

【解析】选项 D，应收提供劳务款通过"应收账款"科目核算。

【依据】《初级会计实务》第三章第 78 页

3.【答案】ABD

【解析】选项 A，转入清理的固定资产的净值：

借：固定资产清理
　　累计折旧
　　　贷：固定资产

选项 B，发生的清理费用：

借：固定资产清理
　　　贷：银行存款

选项 C，结转的固定资产清理净损失：

借：营业外支出/资产处置损益
　　　贷：固定资产清理

选项 D，结转的固定资产清理净收益：

借：固定资产清理
　　　贷：营业外收入/资产处置损益

【依据】《初级会计实务》第四章第 148~149 页

4.【答案】ABC

【解析】成本模式后续计量的投资性房地产，计提折旧或者摊销应计入其他业务成本等科目，选项 D 错误。

【依据】《初级会计实务》第四章第 129~130 页

5.【答案】AC

【解析】甲公司该业务的会计处理如下：

（1）确认为职工租赁住房的非货币性福利时：

借：管理费用　　　　　　　　　　　　　　　　　40 000

　　贷：应付职工薪酬　　　　　　　　　　　　　　　　40 000

选项 A 正确；

（2）支付租金时：

借：应付职工薪酬　　　　　　　　　　　　　　　40 000

　　贷：银行存款　　　　　　　　　　　　　　　　　40 000

选项 C 正确。

【依据】《初级会计实务》第五章第 176 页

6. 【答案】ABD

【解析】选项 C，应贷记"其他应付款"科目，选项 A、B、D 均应贷记"应付账款"科目。

【依据】《初级会计实务》第五章第 166 页

7. 【答案】CD

【解析】企业可以从实现的净利润中提取盈余公积，但不能提取资本公积，选项 A 错误；盈余公积不能转入资本公积，选项 B 错误。

【依据】《初级会计实务》第六章第 214 页

8. 【答案】AB

【解析】期末，企业应将损益类科目的发生额结转至"本年利润"科目。"生产成本""制造费用"均属于成本类科目，期末反映在资产负债表的"存货"项目中，无须结转到"本年利润"科目。

【依据】《初级会计实务》第七章第 245 页

9. 【答案】ABCD

【解析】选项 A，销售原材料的成本计入其他业务成本，影响利润表"营业成本"项目；选项 B，转销已售商品相应的存货跌价准备计入的是主营业务成本，影响利润表的"营业成本"项目；选项 C，出租非专利技术的摊销额计入其他业务成本，影响利润表"营业成本"项目；选项 D，出售商品的成本计入主营业务成本，影响利润表"营业成本"项目。

【依据】《初级会计实务》第八章第 265～266 页

10. 【答案】ABCD

【解析】政府会计主体的非流动资产包括固定资产、在建工程、无形资产、长期投资、公共基础设施（选项 B）、政府储备资产（选项 A）、文物文化资产（选项 C）、保障性住房和自然资源资产（选项 D）等。

【依据】《初级会计实务》第十章第 311 页

三、判断题

1.【答案】×

【解析】会计监督可分为单位内部监督、国家监督和社会监督三部分。

【依据】《初级会计实务》第一章第 3 页

2.【答案】√

【解析】未设置会计机构和会计岗位的单位，可以采取委托代理记账机构或者财政部规定的其他方式组织会计工作，推进会计信息化应用。

【依据】《初级会计实务》第二章第 56 页

3.【答案】×

【解析】开户单位支付现金，可以从本单位库存现金限额中支付或从开户银行提取，不得从本单位的现金收入中直接支付（即坐支）。因特殊情况需要坐支现金的，应当事先报经开户银行审查批准，由开户银行核定坐支范围和限额。

【依据】《初级会计实务》第三章第 61 页

4.【答案】×

【解析】同一控制下企业合并形成的长期股权投资，合并成本与合并对价账面价值之间的差额，应计入资本公积；如为借方差额，资本公积不足冲减的，应依次借记盈余公积、未分配利润。

【依据】《初级会计实务》第四章第 123 页

5.【答案】√

【解析】相关处理如下：

借：管理费用

　　贷：应付职工薪酬——辞退福利

【依据】《初级会计实务》第五章第 178 ~ 179 页

6.【答案】×

【解析】其他权益工具是企业发行的除普通股以外的按照准则规定分类为权益工具的各种金融工具，如优先股、永续债等。

【依据】《初级会计实务》第六章第 207 页

7.【答案】×

【解析】对于制造企业而言，其临时出租包装物和设备的收入一般通过"其他业务收入"科目核算，而出售无形资产通过"资产处置损益"科目核算。

【依据】《初级会计实务》第七章第 218 页

8.【答案】×

【解析】资产负债表所列示的资产不仅包括企业拥有所有权的资产，也包括企业不拥有所有权但由企业实际控制的资产。

【依据】《初级会计实务》第八章第 251 页

9.【答案】×

【解析】分批法下，由于成本计算期与产品的生产周期基本一致，因而在计算月末在产品成本时，一般不存在在完工产品与月末在产品之间分配费用的问题。

【依据】《初级会计实务》第九章第 305～308 页

10.【答案】×

【解析】除文物和陈列品、特种动植物、图书和档案、单独计价入账的土地、以名义金额计量的固定资产等固定资产外，单位应当按月对固定资产计提折旧。

【依据】《初级会计实务》第十章第 325 页

四、不定项选择题

【第 1 题】

1.【答案】D

【解析】购买交易性金融资产，交易费用计入投资收益。该笔业务的会计处理如下：

借：交易性金融资产——成本	95
投资收益	5
应交税费——应交增值税（进项税额）	0.3
贷：其他货币资金	100.3

因此，选项 D 正确。

【依据】《初级会计实务》第三章第 70～71 页

2.【答案】AD

【解析】持有交易性金融资产期间，被投资单位宣告发放股利，计入投资收益，此时影响营业利润。应收股利 $=0.3\times100=30$（万元）。该笔业务的会计处理如下：

借：应收股利	30
贷：投资收益	30
借：其他货币资金	30
贷：应收股利	30

因此，选项 A、D 正确，选项 B、C 错误。

【依据】《初级会计实务》第三章第 72 页

3.【答案】A

【解析】6 月 30 日，公允价值变动损益 $=80-95=-15$（万元）。该笔业务的会计处理如下：

| 借：公允价值变动损益 | 15 |
| 贷：交易性金融资产——公允价值变动 | 15 |

因此，只有选项 A 正确。

【依据】《初级会计实务》第三章第 73～74 页

4.【答案】A

【解析】12 月 31 日，公允价值变动损益 $=102-80=22$（万元）。该笔业务的会计处理如下：

借：交易性金融资产——公允价值变动   22

贷：公允价值变动损益   22

计入公允价值变动损益的金额为 22 万元，影响当期损益，因此，只有选项 A 正确。

【依据】《初级会计实务》第三章第 73～74 页

5.【答案】C

【解析】影响甲公司当年营业利润的项目是投资收益和公允价值变动损益，影响金额 = -5+30-15+22=32（万元）。

【依据】《初级会计实务》第三章第 70～74 页

【第 2 题】

1.【答案】ABC

【解析】现金，是指企业库存现金，以及可以随时用于支付的存款；现金等价物，是指企业持有的期限短（一般指从购买日起 3 个月内到期，如 3 个月内到期的债券投资）、流动性强、易于转换为已知金额现金、价值变动风险很小的投资。股票受市场利率变动影响较大，因而不属于现金等价物。

【依据】《初级会计实务》第八章第 270 页

2.【答案】A

【解析】2024 年现金流量表中"购买商品、接受劳务支付的现金"项目本期金额 =50+720+700=1 470（万元）。值得注意的是，本年赊购原材料的材料款尚未支付，无须计算。

【依据】《初级会计实务》第八章第 273 页

3.【答案】C

【解析】2024 年现金流量表中"购建固定资产、无形资产和其他长期资产支付的现金"项目本期金额 =240+190+600+50（在建工程人员薪资）=1 080（万元）。

【依据】《初级会计实务》第八章第 274 页

4.【答案】D

【解析】2024 年现金流量表中"支付给职工以及为职工支付的现金"项目本期金额 =300+80+50（企业管理人员薪资）+140=570（万元）。这里应注意，"支付给职工以及为职工支付的现金"为经营活动产生的现金流量，不包括计入投资活动产生的现金流量的"购建固定资产、无形资产和其他长期资产支付的现金"项目的在建工程人员的薪资。

【依据】《初级会计实务》第八章第 274 页

5.【答案】B

【解析】2024 年现金流量表中"销售商品、提供劳务收到的现金"项目本期金额 =2 300+700-70=2 930（万元），值得注意的是，支付销售退款应扣除。经营活动产生的现金流量净额 =2 930-1 470-570=890（万元）。

【依据】《初级会计实务》第八章第 273 页

【第 3 题】

1.【答案】ACD

【解析】（1）根据资料，计算甲、乙产品耗用材料费用情况。

甲产品耗用材料费用 = 4 500 × 30 = 135 000（元）

乙产品耗用材料费用 = 4 000 × 30 = 120 000（元）

（2）账务处理。生产产品领用原材料，直接用于产品的生产，借记"生产成本"科目，贷记"原材料"科目。相关会计分录如下：

借：生产成本——甲产品　　　　　　　　　　　　　　　　　135 000
　　　　　　　——乙产品　　　　　　　　　　　　　　　　　120 000
　　贷：原材料——甲产品　　　　　　　　　　　　　　　　　　　135 000
　　　　　　　　——乙产品　　　　　　　　　　　　　　　　　　　120 000

因此，选项 A、C、D 正确。

【依据】《初级会计实务》第九章第 287 ~ 288 页

2.【答案】BC

【解析】（1）分配比例：

甲产品的分配比例 = 甲产品耗用总工时 ÷（甲产品耗用总工时 + 乙产品耗用总工时）= 750 ÷（750 + 250）× 100% = 75%；

乙产品的分配比例 = 乙产品耗用总工时 ÷（甲产品耗用总工时 + 乙产品耗用总工时）= 250 ÷（750 + 250）× 100% = 25%。

（2）分配职工薪酬：

甲、乙产品共负担的职工薪酬为 200 000 元，甲、乙产品按照工时比例分配。

甲产品负担的职工薪酬 = 200 000 × 75% = 150 000（元）；

乙产品负担的职工薪酬 = 200 000 × 25% = 50 000（元）。

（3）分配制造费用：

甲、乙产品共负担的制造费用为 100 000 元，甲、乙产品按照工时比例分配。

甲产品负担的制造费用 = 100 000 × 75% = 75 000（元）；

乙产品负担的制造费用 = 100 000 × 25% = 25 000（元）。

因此，选项 B、C 正确。

【依据】《初级会计实务》第九章第 289 ~ 290、297 ~ 298 页

3.【答案】BD

【解析】根据资料（1）、（2）计算可知，甲产品耗用材料费用为 135 000 元，负担的直接人工费为 150 000 元，负担的制造费用为 75 000 元。根据资料（3），当月甲产品完工 230 件，月末在产品 40 件，在产品完工程度为 50%。

（1）直接材料费用在完工产品和在产品之间的分配：

由于材料在生产时一次投入，所以在产品和完工产品负担同样的直接材料费用。

直接材料分配率 = 135 000 ÷（230 + 40）= 500（元/件），

甲完工产品耗用的直接材料费 $= 230 \times 500 = 115\ 000$（元）。

（2）直接人工费用在完工产品和在产品之间的分配：

甲产品完工产品产量 + 月末在产品约当产量 $= 230 + 40 \times 50\% = 250$（件），

直接人工分配率 $= 150\ 000 \div 250 = 600$（元/件），

甲完工产品负担的直接人工费 $= 230 \times 600 = 138\ 000$（元）。

（3）制造费用在完工产品和在产品之间的分配：

制造费用分配率 $= 75\ 000 \div 250 = 300$（元/件），

甲完工产品负担的制造费用 $= 230 \times 300 = 69\ 000$（元）。

（4）计算完工产品总成本：

甲产品完工产品成本总额 $= 115\ 000 + 138\ 000 + 69\ 000 = 322\ 000$（元）。

因此，选项 B、D 正确。

【依据】《初级会计实务》第九章第 300 页

4. 【答案】AC

【解析】根据资料（1）、（2）计算可知，乙产品耗用材料费用为 120 000 元，负担的直接人工费为 50 000 元，负担的制造费用为 25 000 元。根据资料（3），当月乙产品完工 180 件，月末在产品 60 件，在产品完工程度为 50%。

（1）直接材料费用在完工产品和在产品之间的分配：

由于材料在生产时一次投入，所以在产品和完工产品负担同样的直接材料费用。

直接材料分配率 $= 120\ 000 \div (180 + 60) = 500$（元/件）；

乙完工产品耗用的直接材料费 $= 180 \times 500 = 90\ 000$（元）。

（2）直接人工费用在完工产品和在产品之间的分配：

乙产品完工产品产量 + 月末在产品约当产量 $= 180 + 60 \times 50\% = 210$（件）；

直接人工分配率 $= 50\ 000 \div 210 = 238$（元/件）；

乙完工产品负担的直接人工费 $= 180 \times 238 = 42\ 840$（元）。

（3）制造费用在完工产品和在产品之间的分配：

制造费用分配率 $= 25\ 000 \div 210 = 119$（元/件）；

乙完工产品负担的制造费用 $= 180 \times 119 = 21\ 420$（元）。

（4）计算完工产品总成本：

乙产品完工产品成本总额 $= 90\ 000 + 42\ 840 + 21\ 420 = 154\ 260$（元）。

因此，选项 A、C 正确。

【依据】《初级会计实务》第九章第 300 页

5. 【答案】ABD

【解析】约当产量比例法适用于产品数量较多，各月在产品数量变化也较大，且生产成本中直接材料和直接人工等加工成本的比重相差不大的产品，选项 A、B、D 正确，选项 C 是在产品按定额成本计价法时需要考虑的。

【依据】《初级会计实务》第九章第 300 页

2025 年度初级资格考试
《初级会计实务》全真模拟试题（三）
答案速查、参考答案及解析

答案速查

一、单项选择题

1. C	2. A	3. A	4. A	5. D
6. D	7. C	8. B	9. A	10. A
11. C	12. A	13. C	14. A	15. B
16. B	17. C	18. D	19. B	20. D

二、多项选择题

1. AD	2. BC	3. ACD	4. ABCD	5. AC
6. ABCD	7. AC	8. ABCD	9. BD	10. AD

三、判断题

1. ×	2. ×	3. ×	4. ×	5. √
6. ×	7. √	8. ×	9. ×	10. ×

四、不定项选择题

第1题	1. ABD	2. B	3. B	4. BC	5. A
第2题	1. A	2. C	3. CD	4. D	5. CD
第3题	1. D	2. BD	3. D	4. CD	5. A

参考答案及解析

一、单项选择题

1.【答案】C

【解析】权责发生制应按 200 万元确认费用，而收付实现制应按实际支付的 180 万元确认费用。故选项 C 正确。

【依据】《初级会计实务》第一章第 6 ~ 7 页

2.【答案】A

【解析】会计职业道德与会计法律制度在内容上相互渗透、相互吸收；在作用上相互补充、相互协调。会计职业道德是会计法律制度的重要补充，会计法律制度是会计职业道德的最低要求，是会计职业道德的基本制度保障。故选项 A 符合题意。

【依据】《初级会计实务》第一章第 12 页

3.【答案】A

【解析】从银行存款日记账出发，调节后的银行存款余额 = 企业银行存款日记账余额 + 银行已收企业未收款 - 银行已付企业未付款 = 420 + 100 = 520（万元）；或从银行对账单出发，调节后的银行存款余额 = 银行对账单余额 + 企业已收银行未收款 - 企业已付银行未付款 = 600 - 80 = 520（万元）。

【依据】《初级会计实务》第二章第 50 页

4.【答案】A

【解析】选项 B，应通过"应收股利"科目核算，选项 C、D，均通过"应收账款"科目核算。

【依据】《初级会计实务》第三章第 81 ~ 82 页

5.【答案】D

【解析】企业应当将同时符合下列条件的金融资产分类为以摊余成本计量的金融资产：（1）管理该金融资产的业务模式是以收取合同现金流量为目标。（2）该金融资产的合同条款规定，在特定日期产生的现金流量，仅为对本金和以未偿付本金金额为基础的利息的支付。

【依据】《初级会计实务》第三章第 68 ~ 69 页

6.【答案】D

【解析】12 月 31 日，甲公司该项投资在资产负债表中应列示的年末余额 = 2 500 + 1 000 × 20% = 2 700（万元）。

【注意】权益法核算长期股权投资首先需要比较长期股权投资的初始投资成本与投资时应享有被投资单位可辨认净资产公允价值份额，如果初始投资成本小于应享有被投资单位可辨认净资产公允价值份额，应增加长期股权投资账面价值，同时确认为营业外收入。

【依据】《初级会计实务》第四章第 126 页

7.【答案】C

【解析】当年该生产线应计提的折旧额 = (740 - 20) × 5 ÷ (1 + 2 + 3 + 4 + 5) ÷ 2 = 120（万元）。

【提示】年折旧率 = 尚可使用年限 ÷ 预计使用寿命的年数总和 × 100%

年折旧额 = (固定资产原价 - 预计净残值) × 年折旧率

【依据】《初级会计实务》第四章第 144 页

8.【答案】B

【解析】相关分录如下：

9 月 1 日借入款项时：

借：银行存款	350
贷：短期借款	350

9 月末、10 月末计提利息时：

借：财务费用	1.75
贷：应付利息	1.75

11 月末到期偿还本息时：

借：短期借款	350
应付利息（9 月份、10 月份预提利息）	3.5
财务费用（11 月份利息费用）	1.75
贷：银行存款	355.25

【依据】《初级会计实务》第五章第 163 页

9.【答案】A

【解析】选项 B 通过"银行存款"科目核算，选项 C 通过"财务费用"科目核算，选项 D 通过"其他货币资金"科目核算。

【依据】《初级会计实务》第五章第 164 ~ 165 页

10.【答案】A

【解析】印花税不需要预计应交数，不通过"应交税费"科目核算，相关账务处理为：

借：税金及附加

　贷：银行存款

【依据】《初级会计实务》第五章第 179 页

11.【答案】C

【解析】所有者权益通常由实收资本（或股本）、其他权益工具、资本公积、其他综合收益、留存收益构成，其中留存收益包括盈余公积和未分配利润。应收账款属于资产，因此选项 C 正确。

【依据】《初级会计实务》第六章第 201 页

12.【答案】A

【解析】资本公积是企业收到投资者出资额超出其在注册资本（或股本）中所占份额的部分，以及其他资本公积等。资本公积包括资本溢价（或股本溢价）和其他资本公积。A 公司接受钱某出资，其中 40 万元（80 万元 ×50%）计入实收资本，超过 40 万元部分（60 万元 –40 万元）计入资本公积。相关会计分录如下：

借：银行存款　　　　　　　　　　　　　　　　　　600 000

　　贷：实收资本　　　　　　　　　　　　　　　　　400 000

　　　　资本公积——资本溢价　　　　　　　　　　　200 000

【依据】《初级会计实务》第六章第 210 页

13.【答案】C

【解析】当合同仅有两个可能结果时，按照最可能发生金额估计可变对价金额，所以甲公司应确认的交易价格 =500 +100 =600（万元）。

【依据】《初级会计实务》第七章第 223 页

14.【答案】A

【解析】选项 A，接受现金捐赠计入营业外收入，不影响营业利润；选项 B，处置固定资产净损失计入资产处置损益，影响营业利润；选项 C，计提研发人员工资计入研发支出，影响营业利润；选项 D，计提财务部门固定资产折旧计入管理费用，影响营业利润。

【依据】《初级会计实务》第七章第 238 页

15.【答案】B

【解析】2024 年该企业的净利润 =利润总额 – 所得税费用 =150 –（150 –5）×25% =113.75（万元）。

【依据】《初级会计实务》第七章第 239、243 页

16.【答案】B

【解析】"销售商品、提供劳务收到的现金"项目应填列金额 =200 +26 +30 =256（万元）。

【依据】《初级会计实务》第八章第 273 页

17.【答案】C

【解析】产品生产人员工资 26 万元计入产品成本，因此，制造费用为 8 万元，本月 A 产品应分配的制造费用 =8 ÷（280 +120）×280 =5.6（万元）。

【依据】《初级会计实务》第九章第 297 ~298 页

18.【答案】D

【解析】月末在产品数量较多、各月在产品数量变化不大时，采用在产品按固定成本计算法，选项 D 正确；月末在产品数量较多、各月在产品数量变化较大时，采用约当产量比例法计算，选项 C 错误；各项消耗定额或成本定额比较准确、稳定，但各月月末在产品数量变动较大的产品，采用定额比例法，选项 A 错误；各月月末在产品数量很小的产品，采用不计算在产品成本法，选项 B 错误。

【依据】《初级会计实务》第九章第 300 ~ 302 页

19. 【答案】B

【解析】政府负债的计量属性主要包括历史成本、现值和公允价值，选项 A 错误；非流动资产是指流动资产以外的资产，包括固定资产、在建工程、无形资产、长期投资、公共基础设施、政府储备资产、文物文化资产、保障性住房和自然资源资产等，选项 C 错误；政府财务会计要素包括资产、负债、净资产、收入和费用，选项 D 错误。

【依据】《初级会计实务》第十章第 311 ~ 312 页

20. 【答案】D

【解析】在财政直接支付方式下，单位在收到"财政直接支付入账通知书"时，按照通知书中直接支付的金额，在财务会计中借记"库存物品"等科目，贷记"财政拨款收入"科目，选项 D 正确。

【依据】《初级会计实务》第十章第 315 页

二、多项选择题

1. 【答案】AD

【解析】选项 B 适宜采用三栏式账簿，选项 C 适宜采用多栏式账簿。

【依据】《初级会计实务》第二章第 44 ~ 45 页

2. 【答案】BC

【解析】收到商业汇票（包括银行承兑汇票和商业承兑汇票）应通过"应收票据"科目的借方核算。选项 A、D，计入银行存款。

【依据】《初级会计实务》第三章第 76 ~ 78 页

3. 【答案】ACD

【解析】使用寿命有限的无形资产应进行摊销，使用寿命不确定的无形资产不应摊销，选项 A 正确。出租无形资产的摊销额计入其他业务成本，选项 B 错误。使用寿命有限的无形资产自可供使用当月起开始摊销，处置当月不再摊销，选项 C 正确。无形资产的摊销方法有年限平均法（即直线法）、生产总量法等，选项 D 正确。

【依据】《初级会计实务》第四章第 157 ~ 158 页

4. 【答案】ABCD

【解析】长期债券到期，支付债券本息，借记"应付债券——面值""应付债券——应计利息""应付利息"等科目，贷记"银行存款"等科目。同时，存在利息调整余额的，借记或贷记"应付债券——利息调整"科目，贷记或借记"在建工程""制造费用""财务费用""研发支出"等科目。

【依据】《初级会计实务》第五章第 198 页

5. 【答案】AC

【解析】按照《公司法》有关规定，公司制企业应按照净利润（减弥补以前年度亏损）的 10% 提取法定盈余公积，因此，选项 A 错误。法定盈余公积转增资本时，该项公积金留存的部分不得低于转增前注册资本的 25%，因此，选项 C 错误。

【依据】《初级会计实务》第六章第 214 页

6. 【答案】ABCD

【解析】选项 A，冲减管理费用；选项 B，增加其他业务收入；选项 C，冲减财务费用；选项 D，增加投资收益。四个选项均会导致利润总额增加。

【依据】《初级会计实务》第七章第 239 页

7. 【答案】AC

【解析】非同一控制下企业合并中，投资方支付的评估费，记入"管理费用"科目，选项 A 正确；为特定客户设计产品所发生的、可直接认定的产品设计费用，记入存货的成本，选项 B 错误；对应收账款计提的坏账准备，记入"信用减值损失"科目，选项 C 正确；财产清查中盘亏的固定资产，记入"营业外支出"科目，选项 D 错误。

【依据】《初级会计实务》第八章第 267 页

8. 【答案】ABCD

【解析】在所有者权益变动表上，企业至少应单独列示反映下列信息的项目：（1）综合收益总额；（2）会计政策变更和差错更正的累积影响金额；（3）所有者投入资本和向所有者分配利润等；（4）提取的盈余公积；（5）实收资本、其他权益工具、资本公积、其他综合收益、专项储备、盈余公积、未分配利润的期初和期末余额及其调节情况。

【依据】《初级会计实务》第八章第 261 页

9. 【答案】BD

【解析】逐步结转分步法是计算半成品成本分步法，各步骤的产品生产成本随着半成品实物的转移而结转，能提供各个生产步骤的半成品成本资料，选项 C 错误、选项 D 正确；平行结转分步法是不计算半成品成本分步法，各步骤的产品生产成本不随着半成品实物的转移而结转，所以不能提供各个步骤半成品的成本资料，但能直接提供按原始成本项目反映的产成品成本资料，选项 A 错误、选项 B 正确。

【依据】《初级会计实务》第九章第 307～308 页

10. 【答案】AD

【解析】当月增加的固定资产，当月开始计提折旧，选项 A 正确、选项 B 错误；当月减少的固定资产，当月不再计提折旧，选项 C 错误、选项 D 正确。

【依据】《初级会计实务》第十章第 325 页

三、判断题

1. 【答案】×

【解析】军队、已纳入企业财务管理体系的单位和执行《民间非营利组织会计制度》的社会团体，其会计核算不适用政府会计准则制度体系。

【依据】《初级会计实务》第一章第 16 页

2. 【答案】×

【解析】科目汇总表账务处理程序的优点是减轻了登记总分类账的工作量，并且科目汇总表可以起到试算平衡的作用；记账凭证账务处理程序的优点是简单明了，易于理解，总分类账可以较详细地反映经济业务的发生情况；缺点是登记总分类账的工作量较大。

【依据】《初级会计实务》第二章第 54～55 页

3.【答案】×

【解析】收到退回的银行汇票多余款项时：

借：银行存款

　　贷：其他货币资金——银行汇票

应记入"其他货币资金"科目的贷方。

【依据】《初级会计实务》第三章第 63～64 页

4.【答案】×

【解析】企业在财产清查中盘盈的固定资产，在按管理权限报经批准处理前，应通过"以前年度损益调整"科目核算。

【依据】《初级会计实务》第四章第 151 页

5.【答案】√

【解析】如果企业的短期借款利息按月支付，或者在借款到期时连同本金一起归还，数额不大的可以不采用预提的方法，而在实际支付或收到银行的计息通知时，直接计入当期损益。

【依据】《初级会计实务》第五章第 163 页

6.【答案】×

【解析】企业的资本公积转增资本的会计分录为：

借：资本公积

　　贷：实收资本

该分录既不影响留存收益，也不影响所有者权益总额。

【依据】《初级会计实务》第六章第 212 页

7.【答案】√

【解析】销售费用是指企业销售商品和材料、提供服务的过程中发生的各种费用，包括在销售商品过程中发生的保险费、包装费、展览费、广告费、商品维修费、预计产品质量保证损失、运输费、装卸费等，以及为销售本企业商品而专设的销售机构的职工薪酬、业务费、折旧费等经营费用。

【依据】《初级会计实务》第七章第 235 页

8.【答案】×

【解析】资产负债表中的"应付账款"项目是根据"应付账款"明细科目贷方余额和"预付账款"明细科目贷方余额合计数填列。

【依据】《初级会计实务》第八章第 257 页

9.【答案】×

【解析】计划成本分配法下辅助生产为各受益单位提供的劳务，都按劳务的计划单位成本进行分配，辅助生产车间实际发生的费用与按计划单位成本分配转出的费用之间的差额采用简化计算方法全部计入管理费用；直接分配法不考虑各辅助生产车间之间相互提供劳务或产品的情况，而是将各种辅助生产费用直接分配给辅助生产以外的各受益单位。

【依据】《初级会计实务》第九章第291、294页

10.【答案】×

【解析】按照规定，资产处置的形式包括无偿调拨、出售、出让、转让、置换、对外捐赠、报废、毁损以及货币性资产损失核销等。

【依据】《初级会计实务》第十章第324页

四、不定项选择题

【第1题】

1.【答案】ABD

【解析】本题账务处理如下：

借：交易性金融资产——成本	2 000 000
应收股利	100 000
投资收益	5 000
应交税费——应交增值税（进项税额）	300
贷：其他货币资金	2 105 300

【依据】《初级会计实务》第三章第70～71页

2.【答案】B

【解析】选项B正确：甲公司购买股票应记入"交易性金融资产——成本"科目的金额＝210－10＝200（万元）。

【依据】《初级会计实务》第三章第70～71页

3.【答案】B

【解析】本题账务处理如下：

借：公允价值变动损益	200 000
贷：交易性金融资产——公允价值变动	200 000

【依据】《初级会计实务》第三章第72～73页

4.【答案】BC

【解析】选项A错误、选项C正确：产生转让收益则按应纳税额，借记"投资收益"科目。选项B正确、选项D错误：出售交易性金融资产，如之前已确认"交易性金融资产——公允价值变动"，需一并结转。本题考核出售交易性金融资产的账务处理，出售时交易性金融资产二级明细科目"成本""公允价值变动"都需要结转。如之前在借方，现在从贷方转出，反之亦然。

【依据】《初级会计实务》第三章第74～75页

5.【答案】A

【解析】选项 A 正确：该股票投资对甲公司 2024 年度营业利润的影响金额 = -0.5 - 20 + 83 - 3 = 59.5（万元）。

【依据】《初级会计实务》第三章第 70~75 页

【第 2 题】

1. 【答案】A

【解析】本题考查投资性房地产的确认。对已出租的土地使用权、已出租的建筑物，其作为投资性房地产的确认时点一般为租赁期开始日，即土地使用权、建筑物进入出租状态、开始赚取租金的日期。但对企业持有以备经营出租的空置建筑物，董事会或类似机构作出书面决议，明确表明将其用于经营出租且持有意图短期内不再发生变化的，即使尚未签订租赁协议，也应视为投资性房地产。

【依据】《初级会计实务》第四章第 129 页

2. 【答案】C

【解析】本题考查投资性房地产的初始计量——自用房产或存货转为采用公允价值模式的投资性房地产。自用房产或存货转为采用公允价值模式的投资性房地产，转换当日公允价值高于固定资产账面价值的差额，记入"其他综合收益"科目，会计分录如下：

借：投资性房地产 　　　　　　　　　　　　　　　　　　　　　　　　2 400

累计折旧 　　　　　　　　　　　　　　　　　　　　　　　　　1 200

固定资产减值准备 　　　　　　　　　　　　　　　　　　　　　　300

贷：固定资产 　　　　　　　　　　　　　　　　　　　　　　　　　3 500

其他综合收益 　　　　　　　　　　　　　　　　　　　　　　400

【依据】《初级会计实务》第四章第 131~132 页

3. 【答案】CD

【解析】本题考查投资性房地产的后续计量——公允价值模式。

①甲企业于 2024 年 3 月 31 日将建筑物整体出租给乙企业，应确认 9 个月的租金收入，故甲企业应确认 2024 年投资性房地产的租金收入 = 600 × 9/12 = 450（万元），分录如下：

借：银行存款 　　　　　　　　　　　　　　　　　　　　　　　　　　450

贷：其他业务收入 　　　　　　　　　　　　　　　　　　　　　　450

②2024 年 12 月 31 日，该房地产公允价值为 2 300 万元，价值下跌 100 万元，应记入"公允价值变动损益"科目借方，分录如下：

借：公允价值变动损益 　　　　　　　　　　　　　　　　　　　　　　100

贷：投资性房地产——公允价值变动 　　　　　　　　　　　　　　100

【依据】《初级会计实务》第四章第 132 页

4. 【答案】D

【解析】本题考查营业利润的计算。甲公司 2026 年营业利润的影响金额 = 600 - 40 = 560（万元）。

【依据】《初级会计实务》第四章第 132 页

5.【答案】CD

【解析】本题考查投资性房地产的处置。

①确认 2027 年 1~3 月的房屋租金：

借：银行存款   150

     贷：其他业务收入   150

②出售投资性房地产：

借：银行存款   1 890

     贷：其他业务收入   1 890

营业收入 = 150 + 1 890 = 2 040（万元）

③结转销售成本：

借：其他业务成本   2 400

     贷：投资性房地产——成本   2 400

借：投资性房地产——公允价值变动   420

     贷：其他业务成本   420

借：其他综合收益   400

     贷：其他业务成本   400

营业利润 = 2 040 − 1 580 = 460（万元）

【依据】《初级会计实务》第四章第 133 页

【第 3 题】

1.【答案】D

【解析】甲公司应将收到的 995 万元在销售商品和提供质保服务两项履约义务之间进行分摊，甲公司 4 月 10 日销售商品应分摊的交易价格 = 995 ÷（990 + 10）× 990 = 985.05（万元）；提供质保服务应分摊的交易价格 = 995 ÷（990 + 10）× 10 = 9.95（万元）。

【依据】《初级会计实务》第七章第 228 页

2.【答案】BD

【解析】甲公司提供的该项质保服务属于在某一时段履行的履约义务，应在提供服务期间确认收入；因甲公司尚未提供质保服务，因此收到的款项形成甲公司的一项负债。

【依据】《初级会计实务》第七章第 220 页

3.【答案】D

【解析】会计分录为：

借：银行存款   9 950 000

     贷：主营业务收入   9 850 500

         合同负债   99 500

借：主营业务成本   8 000 000

　　　　贷：库存商品　　　　　　　　　　　　　　　　　　　　　　　8 000 000

【依据】《初级会计实务》第七章第 228 页

4.【答案】CD

【解析】甲公司虽然收到货款，但是尚未履行履约义务，B 公司尚未取得商品控制权，所以甲公司不应确认收入，对于收到的款项应作为合同负债处理，应编制的会计分录为：

　　借：银行存款　　　　　　　　　　　　　　　　　　　　　　　1 000 000

　　　　贷：合同负债　　　　　　　　　　　　　　　　　　　　　　　1 000 000

【依据】《初级会计实务》第五章第 168 页

5.【答案】A

【解析】甲公司因签订该客户合同而向销售人员支付的佣金属于取得合同发生的增量成本，应当将其作为合同取得成本确认为一项资产。律师尽职调查支出、投标发生的差旅费无论是否取得合同均会发生，不属于合同取得成本，应当在发生时计入当期损益。向销售部门经理支付的年度奖金不能直接归属于该新取得的合同，也不能作为合同取得成本，应计入当期损益。

【依据】《初级会计实务》第七章第 225～226 页

2025 年度初级资格考试
《初级会计实务》全真模拟试题（四）
答案速查、参考答案及解析

答案速查

一、单项选择题

1. A	2. B	3. C	4. D	5. C
6. B	7. B	8. A	9. D	10. C
11. A	12. C	13. B	14. B	15. B
16. B	17. D	18. C	19. D	20. C

二、多项选择题

1. ACD	2. ABC	3. ACD	4. ABD	5. BC
6. ABC	7. ABCD	8. AB	9. AC	10. BCD

三、判断题

1. ×	2. √	3. √	4. ×	5. ×
6. ×	7. ×	8. ×	9. ×	10. ×

四、不定项选择题

第1题	1. BD	2. BD	3. BD	4. BD	5. D
第2题	1. B	2. AC	3. ABC	4. C	5. ABC
第3题	1. AC	2. B	3. D	4. C	5. ABD

参考答案及解析

一、单项选择题

1.【答案】A

【解析】可理解性要求企业提供的会计信息应当清晰明了，便于投资者等财务报告使用者理解和使用。因此对会计信息的性质和功能内容做分项列式，体现可理解性要求，故选项 A 正确。

【依据】《初级会计实务》第一章第 8 ～ 11 页

2.【答案】B

【解析】记账凭证账务处理程序的主要特点是直接根据记账凭证逐笔登记总分类账。其优点是简单明了，易于理解，总分类账可以反映经济业务的详细情况，缺点是登记总分类账的工作量较大。

【依据】《初级会计实务》第二章第 53 页

3.【答案】C

【解析】选项 A 错误：属于按照账页格式分类。选项 B 错误：属于分类账簿按其反映经济业务的详略程度分类。选项 D 错误：属于按照外形特征分类。

【依据】《初级会计实务》第二章第 43 ～ 45 页

4.【答案】D

【解析】取得时支付的相关交易费用计入投资收益的借方，选项 A 错误；收到交易性金融资产购买价款中包含的已到付息期但尚未领取的债券利息，借记"其他货币资金"等科目，贷记"应收利息"科目，不影响当期损益，选项 B 错误；取得时支付的价款中包含的已宣告但尚未发放的现金股利应当确认为应收股利，选项 C 错误。

【依据】《初级会计实务》第三章第 70 ～ 74 页

5.【答案】C

【解析】委托加工物资成本＝实际耗用物资成本＋加工费＋运杂费＋税费（不可抵扣）等，收回后用于继续加工应税消费品的，受托方代收代缴的消费税按规定在计税时准予扣除，不能计入成本，应借记"应交税费——应交消费税"科目，则该批材料加工收回后的成本＝36 000 ＋ 14 000 ＝ 50 000（元）。

【依据】《初级会计实务》第三章第 111 ～ 112 页

6.【答案】B

【解析】本月销售成本＝100 000 － 100 000 ×（30 000 － 20 000 ＋ 120 000 － 100 000）÷（30 000 ＋ 120 000）× 100% ＝ 80 000（元）。

【依据】《初级会计实务》第三章第 115 页

7.【答案】B

【解析】甲企业为小规模纳税人，增值税计入原材料采购成本。购进 A 材料的实际成本 = 140 000 + 18 200 + 2 000 = 160 200（元）；计划成本 =（5 000 - 5）× 30 = 149 850（元）；超支差 = 160 200 - 149 850 = 10 350（元）。

【依据】《初级会计实务》第三章第 101 ~ 105 页

8.【答案】A

【解析】选项 A，被投资单位所有者权益总额不发生变动，投资方不需要调整长期股权投资账面价值。

【依据】《初级会计实务》第四章第 126 ~ 127 页

9.【答案】D

【解析】作为存货的商品房转换为公允价值模式计量的投资性房地产时，转换日的公允价值小于其账面价值的差额 100 万元，计入公允价值变动损益。

【依据】《初级会计实务》第四章第 131 ~ 132 页

10.【答案】C

【解析】应付票据到期时，如果企业无力支付票款，商业承兑汇票和银行承兑汇票的账务处理是不同的：商业承兑汇票应借记"应付票据"科目，贷记"应付账款"科目；银行承兑汇票应借记"应付票据"科目，贷记"短期借款"科目。选项 C 正确。

【依据】《初级会计实务》第五章第 166 页

11.【答案】A

【解析】预提利息时的账务处理：

借：财务费用

　　贷：应付利息

【依据】《初级会计实务》第五章第 163 页

12.【答案】C

【解析】委托加工物资收回后直接出售，委托方代收代缴的消费税应记入"委托加工物资"科目中。

【依据】《初级会计实务》第五章第 190 ~ 191 页

13.【答案】B

【解析】提取盈余公积使留存收益内部项目一增一减，留存收益总额不发生变化。

【依据】《初级会计实务》第六章第 214 页

14.【答案】B

【解析】应冲减的资本公积 =（4 - 1）× 500 = 1 500（万元），应冲减盈余公积 = 1 500 - 1 000 = 500（万元）。

【依据】《初级会计实务》第六章第 206 页

15.【答案】B

【解析】授予奖励积分的公允价值 = 5 000 ÷ 200 × 10 = 250（元），因该顾客购物商场应确认的收入 = 5 000 × 5 000 ÷（5 000 + 250）= 4 761.9（元）。

【依据】《初级会计实务》第七章第 229 页

16.【答案】B

【解析】企业外币应收账款的汇兑损失应计入财务费用，企业预计产品质量保证损失应计入销售费用，企业存货因管理不善造成的盘亏应计入管理费用，财务费用、销售费用和管理费用属于企业的期间费用。企业支付的行政罚款应计入营业外支出，属于企业的损失。

【依据】《初级会计实务》第七章第 241 页

17.【答案】D

【解析】2024 年 12 月 31 日未分配利润项目金额 = 80 + 230 - 70 = 240（万元）。

【依据】《初级会计实务》第八章第 261 页

18.【答案】C

【解析】利润表的表体结构有单步式和多步式两种，我国企业的利润表采用多步式格式，选项 C 不正确。

【依据】《初级会计实务》第八章第 263 页

19.【答案】D

【解析】政府预算会计要素包括预算收入、预算支出和预算结余。

【依据】《初级会计实务》第十章第 310 页

20.【答案】C

【解析】政府财务报告应当包括财务报表和其他应当在财务报告中披露的相关信息和资料。财务报表包括会计报表和附注。会计报表一般包括资产负债表、收入费用表和净资产变动表，单位可根据实际情况自行选择编制现金流量表。故选项 C 正确。

【依据】《初级会计实务》第十章第 327 ~ 328 页

二、多项选择题

1.【答案】ACD

【解析】选项 A、C、D 符合企业会计准则的相关规定，会计处理的结果使得资产不多计、费用不少计，符合谨慎性质量要求；选项 B 不符合谨慎性质量要求。

【依据】《初级会计实务》第一章第 8 ~ 11 页

2.【答案】ABC

【解析】选项 D，对出借包装物进行摊销时，应借记"销售费用"科目，贷记"周转材料——包装物——包装物摊销"科目。

【依据】《初级会计实务》第三章第 108 ~ 109 页

3.【答案】ACD

【解析】采用先进先出法核算发出存货成本，在物价持续上涨时，期末存货成本接近市价，而发出成本偏低，会高估企业当期的利润和库存存货的价值；反之，在物价持续下降时，会低估企业存货价值和当期利润，选项 B 错误。

【依据】《初级会计实务》第三章第 90 ~ 96 页

4.【答案】ABD

【解析】选项 A，投资方能够对被投资单位实施控制的长期股权投资采用成本法核算；选项 B，被投资方当年实现净利润，投资方不作处理；选项 D，被投资单位宣告发放的股票股利，投资企业不作会计处理。

【依据】《初级会计实务》第四章第 122、126 页

5. 【答案】BC

【解析】外购货物用于投资应视同销售，贷记"应交税费——应交增值税（销项税额）"科目；将委托加工的货物用于对外捐赠应视同销售，贷记"应交税费——应交增值税（销项税额）"科目；已单独确认进项税额的购进货物发生非正常损失，进项税额不得抵扣，应作进项税额转出处理，贷记"应交税费——应交增值税（进项税额转出）"科目；企业管理部门领用本企业生产的产品是按成本领用，不视同销售。

【依据】《初级会计实务》第五章第 184～187 页

6. 【答案】ABC

【解析】一般企业增加资本主要有三个途径：接受投资者追加投资、资本公积转增资本和盈余公积转增资本，选项 A、B、C 正确；选项 D 不会导致企业实收资本或股本变化。

【依据】《初级会计实务》第六章第 205 页

7. 【答案】ABCD

【解析】与合同直接相关的成本包括直接人工、直接材料、制造费用或类似费用、明确由客户承担的成本以及仅因该合同而发生的其他成本。

【依据】《初级会计实务》第七章第 224 页

8. 【答案】AB

【解析】资产负债表中"短期借款"和"资本公积"项目应根据其总账余额直接填列。

【依据】《初级会计实务》第八章第 261 页

9. 【答案】AC

【解析】在产品的约当产量 = 200×60% = 120（台），选项 A 正确；甲产品的单位成本 = 1 080 000÷（600 + 120）= 1 500（元），选项 B 错误；甲产品完工产品的成本 = 1 500×600 = 900 000（元），选项 C 正确；在产品成本 = 1 500×120 = 180 000（元），选项 D 错误。

【依据】《初级会计实务》第九章第 300 页

10. 【答案】BCD

【解析】经财政部门审批对财政拨款结余资金改变用途，调整用于本单位基本支出或其他未完成项目支出的，按照批准调剂的金额，借记"财政拨款结余——单位内部调剂"科目，贷记"财政拨款结转——单位内部调剂"科目，选项 B、C、D 符合题意。

【依据】《初级会计实务》第十章第 319 页

三、判断题

1. 【答案】×

【解析】由于有了会计分期这个基本假设，才产生了当期与其他期间的区别，从而出现了权责发生制和收付实现制的区别。

【依据】《初级会计实务》第一章第 6 ~ 7 页

2. 【答案】√

【解析】单位以电子会计凭证的纸质打印件作为报销、入账、归档依据的，必须同时保存打印该纸质件的电子会计凭证原文件，并建立纸质会计凭证与其对应电子文件的检索关系。

【依据】《初级会计实务》第二章第 58 页

3. 【答案】√

【解析】一般产品设计费用应计入当期损益，为特定客户设计产品所发生的、可直接确定的设计费用应计入存货成本。

【依据】《初级会计实务》第三章第 88 ~ 89 页

4. 【答案】×

【解析】企业选择的无形资产摊销方法应当反映与该项无形资产有关的经济利益的预期消耗方式。无法可靠确定预期实现方式的，应当采用年限平均法摊销。

【依据】《初级会计实务》第四章第 157 ~ 158 页

5. 【答案】×

【解析】应付账款一般在较短期限内支付，但有时由于债权单位撤销或其他原因而使应付账款无法清偿。企业对于确实无法支付的应付账款应予以转销，按其账面余额计入营业外收入，借记"应付账款"科目，贷记"营业外收入"科目。

【依据】《初级会计实务》第五章第 168 页

6. 【答案】×

【解析】如果以前年度未分配利润有盈余，即期初未分配利润为贷方余额，在计算提取法定盈余公积的基数时，不应包括企业年初未分配利润；如果以前年度有亏损，即期初未分配利润为借方余额，应先弥补以前年度亏损再提取盈余公积。

【依据】《初级会计实务》第六章第 214 页

7. 【答案】×

【解析】资产的账面价值小于其计税基础，或负债的账面价值大于其计税基础，会产生可抵扣时间性差异。

【依据】《初级会计实务》第七章第 242 页

8. 【答案】×

【解析】附注是财务报表不可或缺的组成部分，企业必须编制。

【依据】《初级会计实务》第八章第 280 页

9. 【答案】×

【解析】采用计划成本分配法，辅助生产车间实际发生的费用与按计划单位成本分配转出的费用之间的差额，应记入"管理费用"科目。

【依据】《初级会计实务》第九章第 294 页

10.【答案】×

【解析】费用是指报告期内导致政府会计主体净资产减少的、含有服务潜力或者经济利益的经济资源的流出。

【依据】《初级会计实务》第十章第 313 页

四、不定项选择题

【第 1 题】

1.【答案】BD

【解析】由于生产线需要安装，所以通过"在建工程"科目核算。支付的安装费用计入在建工程。增值税进项税额可以抵扣，不计入成本。在建工程 = 800 + 40 = 840（万元）。

【依据】《初级会计实务》第四章第 139 页

2.【答案】BD

【解析】2023 年 6 月 20 日：

借：固定资产   840
    贷：在建工程   840

当月增加的固定资产当月不计提折旧，下月开始计提折扣，该固定资产自 2023 年 7 月开始计提折旧。

每月计提折旧 =（840 − 60）÷ 10 ÷ 12 = 6.5（万元）。

【依据】《初级会计实务》第四章第 142 页

3.【答案】BD

【解析】2023 年 12 月已计提折旧额 = 6.5 × 6 = 39（万元）；账面价值 = 840 − 39 = 801（万元）。更新改造转入在建工程的会计处理为：

借：在建工程   801
    累计折旧   39
    贷：固定资产   840

更新改造之后的账面价值 = 801 + 50 − 41 = 810（万元）。

【依据】《初级会计实务》第四章第 146 页

4.【答案】BD

【解析】2024 年 1 月 1 日，每月计算租金收入：

借：银行存款   8
    贷：其他业务收入   8

更新改造后应计提折旧 =（810 − 30）÷ 10 ÷ 12 = 6.5（万元）。

借：其他业务成本   6.5

　　　　贷：累计折旧　　　　　　　　　　　　　　　　　　　　　　　　　6.5

【依据】《初级会计实务》第四章第 145 页

5. 【答案】D

【解析】2025 年 5 月 2 日出售设备的会计分录为：

　　借：固定资产清理　　　　　　　　　　　　　　　　　350
　　　　累计折旧　　　　　　　　　　　　　　　　　　　70
　　　　　贷：固定资产　　　　　　　　　　　　　　　　　　　　420
　　借：银行存款　　　　　　　　　　　　　　　　　　400
　　　　　贷：固定资产清理　　　　　　　　　　　　　　　　　400
　　借：固定资产清理　　　　　　　　　　　　　　　　　10
　　　　　贷：银行存款　　　　　　　　　　　　　　　　　　　　10
　　借：固定资产清理　　　　　　　　（400 – 350 – 10）40
　　　　　贷：资产处置损益　　　　　　　　　　　　　　　　　40

简易算法：净损益 = 售价 400 – 成本 350（420 – 70）– 费用 10 = 40（万元）。

【依据】《初级会计实务》第四章第 148 ~ 149 页

【第 2 题】

1. 【答案】B

【解析】甲公司 8 月 31 日应确认的主营业务收入 = 2 000 × 0.4 × (1 – 10%) = 720（万元）。会计分录为：

　　借：银行存款　　　　　　　　　　　　　（2 000 × 0.4）800
　　　　　贷：主营业务收入　　　　　　　　　　　　（800 × 90%）720
　　　　　　　预计负债　　　　　　　　　　　　　　（800 × 10%）80

【依据】《初级会计实务》第七章第 227 页

2. 【答案】AC

【解析】甲公司 8 月 31 日结转 A 产品成本的会计分录为：

　　借：主营业务成本　　　　　　　　（2 000 × 0.3 × 90%）540
　　　　应收退货成本　　　　　　　　（2 000 × 0.3 × 10%）60
　　　　　贷：库存商品　　　　　　　　　　　　　　　　　600

【依据】《初级会计实务》第七章第 227 页

3. 【答案】ABC

【解析】9 月 30 日重新估计退货率时的会计分录为：

　　借：预计负债　　　　　　　　　　　　　　（800 × 5%）40
　　　　　贷：主营业务收入　　　　　　　　　　　　　　　　40
　　借：主营业务成本　　　　　　　　　　　　（600 × 5%）30
　　　　　贷：应收退货成本　　　　　　　　　　　　　　　　30

【依据】《初级会计实务》第七章第 227 页

4. 【答案】C

【解析】甲公司销售 B 产品应确认的收入 = 400 × 400 ÷ (400 + 125 × 80%) = 320 (万元)。

【依据】《初级会计实务》第七章第 229 页

5.【答案】ABC

【解析】甲公司销售 B 产品时应确认的合同负债金额 = 400 × (125 × 80%) ÷ (400 + 125 × 80%) = 80 (万元)。会计分录为：

借：银行存款		400
贷：主营业务收入		320
合同负债		80
借：主营业务成本		300
贷：库存商品		300

【依据】《初级会计实务》第七章第 229 页

【第 3 题】

1.【答案】AC

【解析】供电车间费用分配率 = 供电车间待分配费用 ÷ 各辅助车间以外的受益对象接受供电车间提供的劳务总量 = 10 000 ÷ (2 300 + 1 500 + 500) = 2.33；供水车间费用分配率 = 供水车间待分配费用 ÷ 各辅助车间以外的受益对象接受供水车间提供的劳务总量 = 8 000 ÷ (6 200 + 3 800 + 800) = 0.74。

【依据】《初级会计实务》第九章第 291 页

2.【答案】B

【解析】企业管理部门应承担的供电辅助生产费用 = 企业管理部门接受供电车间的劳务量 × 供电车间费用分配率 = 500 × 2.33 = 1 165 (元)。

【依据】《初级会计实务》第九章第 291 ~ 292 页

3.【答案】D

【解析】基本生产车间——A 产品应承担的供水辅助生产费用 = 基本生产车间——A 产品接受供水车间的劳务量 × 供水车间费用分配率 = 6 200 × 0.74 = 4 588 (元)。

【依据】《初级会计实务》第九章第 291 ~ 292 页

4.【答案】C

【解析】基本生产车间一般耗用应计入制造费用。

【依据】《初级会计实务》第九章第 287 页

5.【答案】ABD

【解析】计划分配法便于考核和分析各受益单位的成本，便于分清各单位的经济责任。但成本分配不够准确，适用于辅助生产劳务计划单位成本比较准确的企业，所以选项 C 的说法不正确，选项 A、B、D 正确。

【依据】《初级会计实务》第九章第 291 ~ 294 页

2025 年度初级资格考试
《初级会计实务》全真模拟试题（五）
答案速查、参考答案及解析

答案速查

一、单项选择题

1. B	2. B	3. A	4. A	5. C
6. B	7. D	8. D	9. D	10. D
11. D	12. D	13. D	14. D	15. D
16. D	17. C	18. D	19. D	20. B

二、多项选择题

1. ABC	2. BCD	3. AD	4. ABC	5. AB
6. ABC	7. ABCD	8. ACD	9. ACD	10. BD

三、判断题

1. ×	2. √	3. ×	4. ×	5. ×
6. ×	7. ×	8. ×	9. ×	10. √

四、不定项选择题

第1题	1. ACD	2. AB	3. AD	4. AB	5. ABC
第2题	1. AD	2. AC	3. BC	4. D	5. B
第3题	1. ABCD	2. BCD	3. BC	4. D	5. C

参考答案及解析

一、单项选择题

1. 【答案】B

【解析】选项A，体现可比性要求。选项C，体现重要性要求。选项D，体现谨慎性要求。故选项B正确。

【依据】《初级会计实务》第一章第8～11页

2. 【答案】B

【解析】企业会计准则体系中，基本准则在企业会计准则体系中起统驭作用，是具体准则制定的依据，选项B说法错误。

【依据】《初级会计实务》第一章第16页

3. 【答案】A

【解析】选项A正确：该企业编制的银行存款余额调节表中的"调节后的存款余额"项目金额＝53 000－2 000＋500＝51 500（元）。

【依据】《初级会计实务》第二章第49～50页

4. 【答案】A

【解析】现金短缺，待期末或报经批准后，无法查明原因的计入管理费用。

【依据】《初级会计实务》第三章第62页

5. 【答案】C

【解析】4月发出存货的成本＝（3 000－300）×（1－30%）＝1 890（万元）；结存成本＝1 200＋2 800－1 890＝2 110（万元）。

【依据】《初级会计实务》第三章第114～115页

6. 【答案】B

【解析】选项A，初始投资成本＝10 000×80%＝8 000（万元）；选项B，后续计量采用成本法，乙公司宣告分配现金股利时，甲公司应确认投资收益1 600万元；选项D，处置乙公司股权确认的投资收益＝9 000－8 000＝1 000（万元）。

【依据】《初级会计实务》第四章第123、126～127页

7. 【答案】D

【解析】无形资产入账价值＝750＋2.5＝752.5（万元）。

【依据】《初级会计实务》第四章第156页

8. 【答案】D

【解析】企业盘亏固定资产的会计分录如下：

（1）盘亏生产设备时：

借：待处理财产损溢

累计折旧	4
贷：固定资产	10

（2）转出不可抵扣的增值税时：

借：待处理财产损溢	0.78
贷：应交税费——应交增值税（进项税额转出）	0.78

（3）报经批准转销时：

借：营业外支出	6.78
贷：待处理财产损溢	6.78

选项 D 正确。

根据现行增值税制度的规定，购进货物及不动产发生非正常损失，其负担的进项税额不得抵扣，其中购进货物包括被确认为固定资产的货物。但是，如果盘亏的是固定资产，应按其账面净值（即固定资产原价 – 已计提折旧）乘以适用税率计算不可以抵扣的进项税额。本题中，购入时的增值税进项税额中不可从销项税额中抵扣的金额 = （10 – 4）×13% = 0.78（万元）。

【依据】《初级会计实务》第四章第 152 页

9. 【答案】D

【解析】该企业处置投资性房地产的会计分录如下：

借：银行存款	4 000
贷：其他业务收入	4 000
借：其他业务成本	3 000
投资性房地产累计折旧	5 000
贷：投资性房地产	8 000

选项 D 正确。

【依据】《初级会计实务》第四章第 133 页

10. 【答案】D

【解析】企业到期无力支付的银行承兑汇票，应按票面金额转入短期借款。

【依据】《初级会计实务》第五章第 166 页

11. 【答案】D

【解析】将企业拥有的房屋等资产无偿提供给职工使用的，应当根据受益对象，将这些资产每期应计提的折旧计入相关资产成本或当期损益，同时确认应付职工薪酬，借记"生产成本""制造费用""管理费用"等科目，贷记"应付职工薪酬——非货币性福利"科目，并且同时借记"应付职工薪酬——非货币性福利"科目，贷记"累计折旧"科目。本题中的非货币性福利是为管理人员提供的，所以计提的折旧应计入管理费用。

【依据】《初级会计实务》第五章第 176 页

12. 【答案】D

【解析】应付账款一般在较短期限内支付，但有时由于债权单位撤销或其他原因而使应付账款无法清偿。企业对于确实无法支付的应付账款应予以转销，按其账面余额计入营业外收入，借记"应付账款"科目，贷记"营业外收入"科目。

【依据】《初级会计实务》第五章第 168 页

13. 【答案】D

【解析】股本的金额为：$5\ 000 \times 1 = 5\ 000$（万元）。资本公积的金额为：$5\ 000 \times (3 - 1) - 100 - 80 = 9\ 820$（万元）。

【依据】《初级会计实务》第六章第 202 页

14. 【答案】D

【解析】（1）弥补亏损后利润总额 $= 100 - 30 = 70$（万元）；（2）所得税 $= 70 \times 25\% = 17.5$（万元）；（3）提取盈余公积 $= (70 - 17.5) \times 10\% = 5.25$（万元）。

【依据】《初级会计实务》第六章第 214 页

15. 【答案】D

【解析】甲公司 2024 年 8 月 30 日向乙公司销售汽车应确定的交易价格 $= 20 \times 15 \times 50\% + (20 - 2) \times 15 \times 30\% + (20 - 5) \times 15 \times 20\% = 276$（万元）。

【依据】《初级会计实务》第七章第 223 页

16. 【答案】D

【解析】满足下列条件之一的，属于在某一时段内履行履约义务：

（1）客户在企业履约的同时即取得并消耗企业履约所带来的经济利益。

（2）客户能够控制企业履约过程中在建的商品。

（3）企业履约过程中所产出的商品具有不可替代用途，且该企业在整个合同期间内有权就累计至今已完成的履约部分收取款项。

【依据】《初级会计实务》第七章第 219 页

17. 【答案】C

【解析】所得税费用 = 当期所得税 + 递延所得税。递延所得税 =（递延所得税负债年末数 - 递延所得税负债年初数）-（递延所得税资产年末数 - 递延所得税资产年初数）$= (58 - 45) - (32 - 36) = 17$（万元）；所得税费用 $= 650 + 17 = 667$（万元）。

【依据】《初级会计实务》第七章第 244 页

18. 【答案】D

【解析】直接分配法的特点是不考虑各辅助生产车间之间相互提供劳务或产品的情况，而是将各种辅助生产费用直接分配给辅助生产以外的各受益单位，选项 D 正确。

【依据】《初级会计实务》第九章第 291 页

19. 【答案】D

【解析】逐步结转分步法下：

本月发生成本 = 本步骤发生的成本 + 上步骤转来的成本 $= 2\ 600 + 5\ 600 = 8\ 200$（元）；

本月该种产品的产成品成本 = 月初在产品成本 + 本月发生成本 - 月末在产品成本 $= 1\ 200 + 8\ 200 - 400 = 9\ 000$（元）。

【依据】《初级会计实务》第九章第 307 页

20.【答案】B

【解析】对采用应收款方式确认的事业收入，根据合同完成进度计算本期应收的款项，在财务会计中借记"应收账款"科目，贷记"事业收入"科目。实际收到款项时，在财务会计中借记"银行存款"等科目，贷记"应收账款"科目；同时在预算会计中借记"资金结存——货币资金"科目，贷记"事业预算收入"科目。

【依据】《初级会计实务》第十章第 317 ~ 318 页

二、多项选择题

1.【答案】ABC

【解析】单位开展会计信息化建设，应当根据单位发展目标和信息化体系建设实际需要，遵循统筹兼顾、安全合规、成本效益等原则，因地制宜地推进。

【依据】《初级会计实务》第二章第 56 页

2.【答案】BCD

【解析】选项 B、C 支付的手续费和印花税计入投资收益，选项 D 计入应收项目。

【依据】《初级会计实务》第三章第 70 ~ 71 页

3.【答案】AD

【解析】选项 B，企业短期经营租入的建筑物没有所有权，再出租时不能作为本企业的投资性房地产核算；选项 C，企业出租给本企业职工居住的宿舍，即使按照市场价格收取租金，也不属于投资性房地产，因这部分房产间接为企业自身的生产经营提供服务，具有自用房地产的性质。

【依据】《初级会计实务》第四章第 128 页

4.【答案】ABC

【解析】除以下情况外，企业应当对所有固定资产计提折旧：（1）已提足折旧仍继续使用的固定资产；（2）单独计价入账的土地。

【依据】《初级会计实务》第四章第 142 页

5.【答案】AB

【解析】选项 C 记入"应付账款"科目，选项 D 记入"应付利息"科目。

【依据】《初级会计实务》第五章第 170 ~ 171 页

6.【答案】ABC

【解析】企业用盈余公积转增资本的会计分录为：

借：盈余公积

　　贷：实收资本（或股本）

该业务仅会使所有者权益内部结构发生变动，不会引起所有者权益总额发生变化。

【依据】《初级会计实务》第六章第 215 页

7.【答案】ABCD

【解析】采用支付手续费方式委托代销商品时，委托方的会计处理如下：

按合同约定发出商品时，按委托代销商品成本：

借：发出商品

　　贷：库存商品

收到受托方开出的代销清单时按商品售价确认收入，按商品成本结转成本并结算应支付给受托方的代销手续费，代销手续费应计入委托方的销售费用：

借：应收账款

　　贷：主营业务收入

　　　　应交税费——应交增值税（销项税额）

借：主营业务成本

　　贷：发出商品

借：销售费用

　　应交税费——应交增值税（进项税额）

　　　　贷：应收账款

【依据】《初级会计实务》第七章第 221 页

8.【答案】ACD

【解析】企业应当根据生产经营特点和管理要求，按照成本的经济用途和生产要素内容相结合的原则或者成本性态等设置成本项目，一般可设置"直接材料""燃料及动力""直接人工""制造费用"等项目，选项 A、C、D 正确。

【依据】《初级会计实务》第九章第 285 页

9.【答案】ACD

【解析】品种法适用于单步骤、大量生产的企业，如发电、供水、采掘等企业，选项 B 错误。品种法的主要特点：（1）成本核算对象是产品品种；（2）品种法下一般定期（每月月末）计算产品成本；（3）月末一般不存在在产品，一般不需要将生产费用在完工产品与在产品之间进行划分，当期发生的生产费用总和就是该种完工产品的总成本；如果企业月末有在产品，要将生产成本在完工产品和在产品之间进行分配。

【依据】《初级会计实务》第九章第 305 页

10.【答案】BD

【解析】某行政单位收到财政部门委托代理银行转来的财政授权支付入账通知书，应进行财务会计和预算会计处理。

财务会计：

借：业务活动费用　　　　　　　　　　　　　　　　　　30 000

　　贷：零余额账户用款额度　　　　　　　　　　　　　　　　30 000

预算会计：

借：行政支出　　　　　　　　　　　　　　　　　　　　30 000

　　贷：资金结存——零余额账户用款额度　　　　　　　　　　30 000

因此，选项 B、D 正确。

【依据】《初级会计实务》第十章第 316 页

三、判断题

1.【答案】×

【解析】根据权责发生制，企业在本月支付的下个月办公室租金应确认为下个月的费用。

【依据】《初级会计实务》第一章第 6～7 页

2.【答案】√

【解析】对账一般分为账证核对、账账核对、账实核对、账表核对。账证核对是核对会计账簿记录与原始凭证、记账凭证的时间、凭证字号、内容、金额等是否一致，记账方向是否相符，做到账证相符。

【依据】《初级会计实务》第二章第 46 页

3.【答案】×

【解析】应收款项坏账准备可以分项分类计算确定，也可以以组合为基础计算确定。

【依据】《初级会计实务》第三章第 78～79 页

4.【答案】×

【解析】企业自创商誉及内部产生的品牌、报刊名等，无法与企业的整体资产分离而存在，不具有可辨认性，按现行会计准则规定不应确认为无形资产。

【依据】《初级会计实务》第四章第 154 页

5.【答案】×

【解析】增值税小规模纳税人无论取得的是普通发票还是专用发票，其进项税额都不能抵扣，直接计入成本中。

【依据】《初级会计实务》第五章第 188 页

6.【答案】×

【解析】企业接受原材料投资时，应按投资合同或协议约定的公允价值借记"原材料"科目，以原材料价值乘以增值税税率的金额借记"应交税费——应交增值税（进项税额）"科目，同时贷记"实收资本"等科目，即增值税是计入实收资本中的。

【依据】《初级会计实务》第六章第 203 页

7.【答案】×

【解析】在不存在纳税调整事项的情况下，企业利润总额与应纳税所得额相等。

【依据】《初级会计实务》第七章第 243 页

8.【答案】×

【解析】企业向银行借入的长期借款将于资产负债表日后一年内到期的，应在"一年内到期的非流动负债"项目列示。

【依据】《初级会计实务》第八章第 259 页

9.【答案】×

【解析】以产品品种作为成本核算对象的是品种法。分步法是指按照生产过程中各个加工步骤（分品种）为成本核算对象，归集和分配生产成本，计算各步骤半成品和最后产成品成本的一种方法。这种方法适用于大量大批的多步骤生产，如冶金、纺织、机械制造等。题干所述分步法以生产步骤和产品品种为成本计算对象不正确。

【依据】《初级会计实务》第九章第306～307页

10.【答案】√

【解析】固定资产一般分为六类：房屋和构筑物；设备；文物和陈列品；图书和档案；家具和用具；特种动植物。单位价值虽未达到规定标准，但使用年限超过1年（不含1年）的大批同类物资，如图书、家具、用具、装具等，应当确认为固定资产。

【依据】《初级会计实务》第十章第324～325页

四、不定项选择题

【第1题】

1.【答案】ACD

【解析】甲原材料的初始入账价值=32 320+2 680=35 000（元），即是甲材料的入库总成本，选项B错误，选项D正确。甲原材料实际入库数量=2 020-20=2 000（千克），选项C正确。甲原材料实际单位成本=35 000÷2 000=17.5（元/千克），选项A正确。

【依据】《初级会计实务》第三章第88～89页

2.【答案】AB

【解析】企业销售原材料实现的收入以及结转的相关成本，通过"其他业务收入""其他业务成本"科目核算。本题中，该企业未收到账款，而是向银行办理托收手续，应记入"应收账款"科目。会计分录如下：

借：应收账款　　　　　　　　　　　　　　　　　2 260

　　贷：其他业务收入　　　　　　　　　　　　　　　2 000

　　　　应交税费——应交增值税（销项税额）　　　　　260

【依据】《初级会计实务》第七章第218页

3.【答案】AD

【解析】生产产品耗用原材料，应记入"生产成本"科目的借方，选项A正确，选项B错误；生产车间一般耗用原材料，应记入"制造费用"科目的借方，选项D正确，选项C错误。

【依据】《初级会计实务》第三章第99页

4.【答案】AB

【解析】月末一次加权平均单价=（月初结存材料实际成本+本月收入材料实际成本）÷（月初结存材料数量+本月收入存货的数量）=（15×2 000+17.5×2 000）÷（2 000+2 000）=16.25（元/千克），选项B正确；销售甲材料的成本=100×16.25=1 625（元），记入"其他业务成本"科目，选项A正确。

【依据】《初级会计实务》第三章第93页

5. 【答案】ABC

【解析】月末结存甲材料的成本 = （2 000 + 2 000 - 100 - 3 000 - 100）× 16.25 = 13 000（元），选项 A 正确；预计甲材料可变现净值为 12 800 元，根据成本与可变现净值孰低计量原则，由于可变现净值低于存货成本 13 000 元，所以需要计提的存货跌价准备金额 = 13 000 - 12 800 = 200（元），选项 B 正确；12 月末列入资产负债表"存货"项目的"原材料"的账面金额 = 成本 - 存货跌价准备 = 13 000 - 200 = 12 800（元），选项 C 正确。

【依据】《初级会计实务》第三章第 118 ~ 119 页

【第 2 题】

1. 【答案】AD

【解析】销售 M 产品，应确认主营业务收入，结转主营业务成本；收到的商业承兑汇票确认为应收票据。

【依据】《初级会计实务》第七章第 220 页

2. 【答案】AC

【解析】支付的销售机构办公设备日常维修费，计入销售费用，账务处理为：

借：销售费用　　　　　　　　　　　　　　　　　　　5.5

　　应交税费——应交增值税（进项税额）　　　　　　0.715

　　　贷：银行存款　　　　　　　　　　　　　　　　　　　6.215

支付的中介机构服务费，计入管理费用，账务处理为：

借：管理费用　　　　　　　　　　　　　　　　　　　3

　　应交税费——应交增值税（进项税额）　　　　　　0.18

　　　贷：银行存款　　　　　　　　　　　　　　　　　　　3.18

【依据】《初级会计实务》第七章第 235、236 页

3. 【答案】BC

【解析】毁损商品的净损失 = 7 - 4 = 3（万元），选项 A 错误；发生毁损时，借记"待处理财产损溢"科目，贷记"库存商品"科目，选项 B 正确；自然灾害导致的存货毁损净损失，计入营业外支出，选项 C 正确；应收的保险公司赔偿，计入其他应收款，选项 D 错误。

【依据】《初级会计实务》第七章第 241 页

4. 【答案】D

【解析】出售无形资产净损益应记入"资产处置损益"科目。

【依据】《初级会计实务》第四章第 158 页

5. 【答案】B

【解析】甲公司 2024 年 12 月份实现的利润总额 = 500（主营业务收入）- 350（主营业务成本）- 5.5（销售费用）- 3（管理费用）-（7 - 4）（营业外支出）+ 10（资产处置收益）= 148.5（万元），选项 B 正确。

【依据】《初级会计实务》第七章第 239 页

【第 3 题】

1. 【答案】ABCD

【解析】根据资料（1），甲企业会计分录如下：

乙公司应出资额 = 4 000 ÷ 2/3 × 1/3 = 2 000（万元）

借：固定资产	3 500
应交税费——应交增值税（进项税额）	455
贷：实收资本——乙公司	2 000
资本公积——资本溢价	1 955

【依据】《初级会计实务》第八章第 260 页

2. 【答案】BCD

【解析】根据资料（2），甲企业会计分录如下：

借：营业外支出	12
累计摊销	38
贷：无形资产	50

【依据】《初级会计实务》第八章第 256 页

3. 【答案】BC

【解析】根据资料（3），甲企业会计分录如下：

借：银行存款	30
贷：资本公积	30

该业务影响资产负债表中的货币资金和资本公积项目，以及现金流量表中的收到的其他与筹资活动有关的现金项目。

【依据】《初级会计实务》第八章第 261 页

4. 【答案】D

【解析】利润总额 = 营业收入 10 500 – 营业成本 4 200 – 税金及附加 600 – 销售费用 200 – 管理费用 300 – 财务费用 200（资料 4）–12（资料 2）= 4 988（万元）

【依据】《初级会计实务》第八章第 268 页

5. 【答案】C

【解析】甲企业净利润 = 4 988 × (1 – 25%) = 3 741（万元）

年末未分配利润 = 年初 200 + 净利润 3 741 – 提取盈余公积 3 741 × 10% = 3 566.9（万元）

【依据】《初级会计实务》第八章第 268 页

2025 年度初级资格考试
《初级会计实务》 全真模拟试题（六）
答案速查、参考答案及解析

答案速查

一、单项选择题

1. B	2. D	3. C	4. A	5. A
6. C	7. C	8. D	9. D	10. B
11. C	12. D	13. B	14. C	15. B
16. A	17. C	18. C	19. C	20. B

二、多项选择题

1. AD	2. ABC	3. ABCD	4. AD	5. ABCD
6. AB	7. BC	8. AC	9. ABC	10. CD

三、判断题

1. ×	2. √	3. ×	4. ×	5. ×
6. ×	7. √	8. ×	9. ×	10. ×

四、不定项选择题

第1题	1. D	2. B	3. AB	4. AD	5. D
第2题	1. ABC	2. BC	3. AC	4. D	5. ABD
第3题	1. AC	2. B	3. ABD	4. ACD	5. B

参考答案及解析

一、单项选择题

1. 【答案】B

【解析】企业的固定资产，只有在持续经营的前提下，才可以在使用年限内，按照其价值和使用情况，确定采用某一折旧方法计提折旧。故选项 B 正确。

【依据】《初级会计实务》第一章第 6 页

2. 【答案】D

【解析】以银行存款偿还所欠货款会计分录如下：借：应付账款，贷：银行存款，一项资产与一项负债等额减少，选项 D 正确。

【依据】《初级会计实务》第二章第 24 ~ 25 页

3. 【答案】C

【解析】金融商品转让按照卖出价扣除买入价（不需要扣除已宣告未发放现金股利和已到付息期未领取的利息）后的余额作为销售额计算增值税，即转让金融商品按盈亏相抵后的余额为销售额。转让金融商品应交增值税 = (26 400 000 – 26 000 000) ÷ (1 + 6%) × 6% = 22 641.51（元），选项 C 正确。

【依据】《初级会计实务》第三章第 75 页

4. 【答案】A

【解析】选项 A，先进先出法，假设先入库的先发出，留在库中的是接近期末入库的存货，所以期末存货成本接近市价。

【依据】《初级会计实务》第三章第 91 页

5. 【答案】A

【解析】上述业务对甲公司 2024 年度营业利润的影响金额 = 转换日产生的损失 [1 800 – (3 500 – 1 000)] + 年末确认的公允价值变动收益（2 400 – 1 800 ）+ 租金收入（400 ÷ 2）– 转换日前计提的折旧(10) = 90（万元）。

【依据】《初级会计实务》第四章第 132 ~ 133 页

6. 【答案】C

【解析】设备的清理净损益 = 售价 198 000 – 账面价值（200 000 – 40 000）– 清理费用 2 000 = 36 000（元）。

该笔业务的账务处理如下：

借：固定资产清理	160 000	
累计折旧	40 000	
贷：固定资产		200 000
借：固定资产清理	2 000	

　　　　贷：银行存款　　　　　　　　　　　　　　　　　　　　　　　　2 000

　　借：银行存款　　　　　　　　　　　　　　　　　　198 000

　　　　贷：固定资产清理　　　　　　　　　　　　　　　　　　　　　198 000

　　借：固定资产清理　　　　　　　　　　　　　　　　　36 000

　　　　贷：资产处置损益　　　　　　　　　　　　　　　　　　　　　　36 000

【依据】《初级会计实务》第四章第 148～149 页

7.【答案】C

【解析】甲公司会计处理：

　　借：在途物资　　　　　　　　　　　　　　　　　　182 000

　　　　应交税费——应交增值税（进项税额）　　　　　 18 000

　　　　贷：银行存款　　　　　　　　　　　　　　　　　　　　　　　200 000

【依据】《初级会计实务》第五章第 182 页

8.【答案】D

【解析】甲公司编制会计分录如下：

　　借：生产成本　　　　　　　　　　　　　　　　　　192 100

　　　　管理费用　　　　　　　　　　　　　　　　　　 33 900

　　　　贷：应付职工薪酬——非货币性福利　　　　　　　　　　　　 226 000

【依据】《初级会计实务》第五章第 176 页

9.【答案】D

【解析】选项 A 计入进口商品成本，选项 B、C 不需要预计应交数，不通过"应交税费"科目核算。

【依据】《初级会计实务》第五章第 179 页

10.【答案】B

【解析】企业发行债券实际收到的款项与债券票面金额的差额，借记或贷记"应付债券——利息调整"科目，选项 B 正确。

【依据】《初级会计实务》第五章第 197 页

11.【答案】C

【解析】企业接受投资者作价投入的房屋、建筑物、机器设备等固定资产，应按投资合同或协议约定的价值（不公允的除外）作为固定资产的入账价值，按投资合同或协议约定的投资者在企业注册资本或股本中所占份额的部分作为实收资本或股本入账，投资合同或协议约定的价值（不公允的除外）超过投资者在企业注册资本或股本中所占份额的部分，计入资本公积（资本溢价或股本溢价）。相关账务处理为：

　　借：固定资产　　　　　　　　　　　　　　　　　　　　400

　　　　应交税费——应交增值税（进项税额）　　　　　　　 52

　　　　贷：实收资本　　　　　　　　　　　　　　　　　　　　　　　240

　　　　　　资本公积——资本溢价　　　　　　　　　　　　　　　　　212

【依据】《初级会计实务》第六章第 203 页

12.【答案】D

【解析】该企业 2024 年末未分配利润的贷方余额 = 300 + 100 × (1 − 15%) = 385（万元）。

【依据】《初级会计实务》第六章第 215 页

13.【答案】B

【解析】A 产品应分摊的交易价格 = 5 ÷ (5 + 4 + 3) × 9 = 3.75（万元）。

【依据】《初级会计实务》第七章第 224 页

14.【答案】C

【解析】选项 C 正确，销售佣金 6 万元计入合同取得成本。

【依据】《初级会计实务》第七章第 225 页

15.【答案】B

【解析】"研发费用"项目，反映企业进行研究与开发过程中发生的费用化支出以及计入管理费用的自行开发无形资产的摊销。本项目应根据"管理费用"科目下的"研发费用"明细科目的发生额以及"管理费用"科目下"无形资产摊销"明细科目的发生额分析填列，选项 B 错误。

【依据】《初级会计实务》第八章第 266 页

16.【答案】A

【解析】转让生产设备取得净收益，应列入"资产处置收益"或"营业外收入"项目，选项 B 错误；接受捐赠取得的材料，应列入"营业外收入"项目，选项 C 错误；按持股比例取得的现金股利，应列入"投资收益"项目，选项 D 错误。

【依据】《初级会计实务》第八章第 267 页

17.【答案】C

【解析】2024 年 12 月甲企业生产职工薪酬总额 = 120 000 + 30 000 = 150 000（元）；

生产职工薪酬费用分配率 = 150 000 ÷ (1 800 + 700) = 60；

甲制造业企业生产 A 产品应分配的职工薪酬 = 1 800 × 60 = 108 000（元），选项 C 正确。

【依据】《初级会计实务》第九章第 289 ~ 290 页

18.【答案】C

【解析】当月完工产品总成本 = 月初在产品成本 + 本月发生生产成本 − 月末在产品成本 = 58 + 168 − 35 = 191（万元），选项 C 正确。

【依据】《初级会计实务》第九章第 301 页

19.【答案】C

【解析】事业单位接受捐赠的一批存货，没有相关凭据可供取得、也未经资产评估、同类或类似资产的市场价格也无法可靠取得的，按照名义金额入账。

【依据】《初级会计实务》第十章第 324 页

20.【答案】B

【解析】编制预算会计分录：

借：资金结存——货币资金　　　　　　　　　　　　　　　　　　106 000

　　贷：事业预算收入　　　　　　　　　　　　　　　　　　　　　　　　106 000

【依据】《初级会计实务》第十章第 317 页

二、多项选择题

1. 【答案】AD

【解析】会计核算是会计监督的基础，选项 B 说法错误；会计拓展职能包括预测经济前景、参与经济决策、评价经营业绩等，选项 C 说法错误。

【依据】《初级会计实务》第一章第 3 页

2. 【答案】ABC

【解析】对库存现金进行盘点时，出纳人员必须在场，有关业务必须在库存现金日记账中全部登记完毕，选项 A 正确；往来款项的清查一般采用发函询证的方法进行核对，选项 B 正确；年终决算前，需要对所有的财产进行全面的盘点和核对，选项 C 正确；银行存款余额调节表只是为了核对账目，不能作为调整企业银行存款账面记录的记账依据，选项 D 错误。

【依据】《初级会计实务》第二章第 49 ~ 52 页

3. 【答案】ABCD

【解析】应收账款是指企业因销售商品、提供服务等经营活动，应向购货单位或接受服务单位收取的款项，主要包括企业销售商品或提供服务等应向有关债务人收取的价款、增值税及代购货单位垫付的包装费、运杂费等。

【依据】《初级会计实务》第三章第 78 页

4. 【答案】AD

【解析】选项 B，应当将取得的价款与无形资产账面价值和相关税费之和的差额计入当期损益；选项 C，出售无形资产的净损益计入资产处置损益，不通过其他业务收入、其他业务成本科目核算。

【依据】《初级会计实务》第四章第 158 ~ 159 页

5. 【答案】ABCD

【解析】职工薪酬中所称的"职工"，主要包括三类人员：一是与企业订立劳动合同的所有人员，含全职、兼职和临时职工；二是未与企业订立劳动合同，但由企业正式任命的企业治理层和管理层人员，如董事会成员、监事会成员等；三是在企业的计划和控制下，虽未与企业订立劳动合同或未由其正式任命，但向企业所提供服务与职工所提供服务类似的人员，也属于职工的范畴，包括通过企业与劳务中介公司签订用工合同而向企业提供服务的人员。

【依据】《初级会计实务》第五章第 171 页

6. 【答案】AB

【解析】选项 A，计入物资成本；选项 B，计入在建工程；选项 C、D，计入税金及附加，选项 A、B 正确。

【依据】《初级会计实务》第五章第 189～191 页

7.【答案】BC

【解析】A 公司应单独确认销售商品的收入和延保服务收入，将交易价格在这两项
履约义务之间分摊：

商品的交易价格 ＝30÷(30＋2)×30＝28.125（万元）

延保服务的交易价格 ＝30÷(30＋2)×2＝1.875（万元）

会计分录为：

借：银行存款　　　　　　　　　　　　　　　　　　　　　30

　　贷：主营业务收入　　　　　　　　　　　　　　　28.125

　　　　合同负债　　　　　　　　　　　　　　　　　　1.875

借：主营业务成本　　　　　　　　　　　　　　　　　　　24

　　贷：库存商品　　　　　　　　　　　　　　　　　　　　24

借：销售费用　　　　　　　　　　　　　　　　　　　　0.5

　　贷：预计负债　　　　　　　　　　　　　　　　　　　0.5

【依据】《初级会计实务》第七章第 228 页

8.【答案】AC

【解析】选项 B，根据总账科目余额填列；选项 D，根据有关科目余额减去其备抵
科目余额后的净额填列。

【依据】《初级会计实务》第八章第 251 页

9.【答案】ABC

【解析】适用分批法的典型企业包括重型机器制造业，选项 A、B、C 正确。

【依据】《初级会计实务》第九章第 305～306 页

10.【答案】CD

【解析】在财政授权支付方式下，单位根据收到的"财政授权支付到账通知书"，
应按照通知书中所列示数额进行会计处理。

财务会计：

借：零余额账户用款额度

　　贷：财政拨款收入

预算会计：

借：资金结存——零余额账户用款额度

　　贷：财政拨款预算收入

因此，选项 C、D 正确。

【依据】《初级会计实务》第十章第 315～316 页

三、判断题

1.【答案】×

【解析】来源可靠、程序规范、要素合规的电子会计凭证、电子会计账簿、电子财

务会计报告和其他电子会计资料与纸质会计资料具有同等法律效力，可仅以电子形式接收、处理、生成和归档保存。

【依据】《初级会计实务》第二章第 58 页

2. 【答案】√

【解析】仓储费用指企业在存货采购入库后发生的储存费用，应在发生时计入当期损益。但是，在生产过程中为达到下一个生产阶段所必需的仓储费用应计入存货成本。例如，某种酒类产品生产企业为使生产的酒达到规定的产品质量标准而必须发生的仓储费用，应计入酒的成本，而不应计入当期损益。

【依据】《初级会计实务》第三章第 89 页

3. 【答案】×

【解析】长期待摊费用是指企业已经发生但应由本期和以后各期负担的分摊期限在 1 年以上的各项费用，如以租赁方式租入的使用权资产发生的改良支出。

【依据】《初级会计实务》第四章第 160 页

4. 【答案】×

【解析】无论是否属于按面值发行一般公司债券，均应按照债券面值记入"应付债券"科目的"面值"明细科目。

【依据】《初级会计实务》第五章第 197 页

5. 【答案】×

【解析】股份有限公司发行股票发生的手续费和佣金等费用，先从发行股票的溢价收入中抵销，发行股票的溢价不足冲减或无溢价，冲减盈余公积，盈余公积不足以冲减的，冲减利润分配——未分配利润。

【依据】《初级会计实务》第六章第 210 页

6. 【答案】×

【解析】对于附有销售退回条款的销售，企业应当在客户取得相关商品控制权时，按预期因销售退回将退还的金额确认负债，但是在每一资产负债表日需重新估计未来销售退回情况。

【依据】《初级会计实务》第七章第 227 页

7. 【答案】√

【解析】支付管理人员工资和支付各项税费分别应属于经营活动产生的现金流量中的"支付给职工以及为职工支付的现金"项目和"支付的各项税费"项目。

【依据】《初级会计实务》第八章第 273 页

8. 【答案】×

【解析】"税金及附加"项目，反映企业经营业务应负担的消费税、城市维护建设税、资源税、土地增值税、教育费附加、房产税、车船税、城镇土地使用税、印花税、环境保护税等相关税费，不包括增值税。

【依据】《初级会计实务》第八章第 265 页

9. 【答案】×

【解析】约当产量比例法适用于产品数量较多，各月在产品数量也较大，且生产成本中直接材料成本和直接人工等加工成本的比重相差不大的产品；定额比例法适用于各项消耗定额或成本定额比较准确、稳定，但各月月末在产品数量变动较大的产品。

【依据】《初级会计实务》第九章第 300 页

10.【答案】×

【解析】政府会计主体对资产进行计量，一般应当采用历史成本。

【依据】《初级会计实务》第十章第 311 页

四、不定项选择题

【第 1 题】

1.【答案】D

【解析】该交易性金融资产的入账价值 = 300 − 6 = 294（万元）。

【依据】《初级会计实务》第三章第 70 ~ 71 页

2.【答案】B

【解析】甲公司收到乙公司发放的现金股利 6 万元的账务处理如下：

借：其他货币资金　　　　　　　　　　　　　　　　　　　　　6

　　贷：应收股利　　　　　　　　　　　　　　　　　　　　　　　　6

【依据】《初级会计实务》第三章第 70 ~ 72 页

3.【答案】AB

【解析】6 月 30 日，交易性金融资产账务处理：

借：公允价值变动损益　　　　　　　　　　（294 − 2.6 × 100）34

　　贷：交易性金融资产——公允价值变动　　　　　　　　　　　　34

因此，影响营业利润 34 万元，选项 A、B 正确，选项 C、D 错误。

【依据】《初级会计实务》第三章第 73 页

4.【答案】AD

【解析】乙公司宣告分配现金股利时，计入投资收益：

借：应收股利　　　　　　　　　　　　　　　　　　　　　　　20

　　贷：投资收益　　　　　　　　　　　　　　　　　　　　　　　20

甲公司收到现金股利时，冲减应收股利：

借：其他货币资金　　　　　　　　　　　　　　　　　　　　　20

　　贷：应收股利　　　　　　　　　　　　　　　　　　　　　　　20

【依据】《初级会计实务》第三章第 72 页

5.【答案】D

【解析】该项投资业务对甲公司 2024 年营业利润的影响金额 = − 2 − 34 + 20 = − 16（万元）。

【依据】《初级会计实务》第三章第 70 ~ 74 页

【第 2 题】

1.【答案】ABC

【解析】本题考查固定资产的初始计量——建造固定资产。关于该企业自行建造厂房的会计分录如下：

①购入建造厂房用工程物资：

借：工程物资　　　　　　　　　　　　　　　　　　　　　500

　　应交税费——应交增值税（进项税额）　　　　　　　　 65

　　　贷：银行存款　　　　　　　　　　　　　　　　　　　　565

②工程领用全部工程物资时：

借：在建工程　　　　　　　　　　　　　　　　　　　　　500

　　　贷：工程物资　　　　　　　　　　　　　　　　　　　　500

③建造厂房领用本企业生产的水泥：

借：在建工程　　　　　　　　　　　　　　　　　　　　　400

　　　贷：库存商品　　　　　　　　　　　　　　　　　　　　400

④支付安装费与确认安装人员薪酬：

借：在建工程　　　　　　　　　　　　　　　　　　　　　130

　　　贷：应付职工薪酬　　　　　　　　　　　　　　　　　　100

　　　　银行存款　　　　　　　　　　　　　　　　　　　　 30

⑤该厂房达到预定可使用状态：

借：固定资产　　　　　　　　　　　　　　　　　　　　1 030

　　　贷：在建工程　　　　　　　　　　　　　　　　　　　1 030

选项 A、B、C 正确。

【依据】《初级会计实务》第四章第 139 页

2.【答案】BC

【解析】本题考查固定资产折旧的账务处理。

（1）折旧总额 = 1 030 - 30 = 1 000（万元），选项 A 错误。

（2）年折旧额 =（1 030 - 30）÷ 20 = 50（万元），选项 B 正确。

（3）会计分录如下：

借：制造费用

　　贷：累计折旧

选项 C 正确。

（4）固定资产当月增加，当月不提折旧，次月开始计提。本题中，该厂于 2024 年 3 月 31 日达到预定可使用状态，所以应当从 2024 年 4 月开始计提折旧，选项 D 错误。

【依据】《初级会计实务》第四章第 142 页

3.【答案】AC

【解析】本题考查固定资产的清查。企业在财产清查中盘盈的固定资产，应当作为重要的前期差错进行会计处理，应调整期初留存收益，选项 A 正确；企业在财产清查中盘盈的固定资产，在按管理权限报经批准处理前，应先通过"以前年度损益调整"科目核算，选项 B 错误；将以前年度损益调整科目余额转入留存收益时，借记"以前年度损益调整"科目，贷记"盈余公积""利润分配——未分配利润"科目，选项 C 正确，选项 D 错误。会计分录如下：

（1）盘盈生产设备时：

借：固定资产   10

  贷：以前年度损益调整   10

（2）结转为留存收益时：

借：以前年度损益调整   10

  贷：盈余公积——法定盈余公积   1

    利润分配——未分配利润   9

【依据】《初级会计实务》第四章第 151 页

4.【答案】D

【解析】本题考查利润表的编制。

（1）长期股权投资的初始投资成本 = 1 100 万元，选项 A 错误；

（2）该企业投资日享有的乙企业可辨认净资产公允价值的份额 = 4 000 × 25% = 1 000（万元）；

（3）由于该长期股权投资的初始投资成本大于投资日享有的乙企业可辨认净资产公允价值的份额，所以应将长期股权投资的初始投资成本记为初始入账价值，选项 B 错误。

会计分录如下：

①将固定资产转入清理时：

借：固定资产清理   1 005

  累计折旧   25

  贷：固定资产   1 030

②取得长期股权投资：

借：长期股权投资——成本   1 100

  贷：固定资产清理   1 005

    资产处置损益   95

选项 C 错误，选项 D 正确。

【依据】《初级会计实务》第四章第 125 ~ 126 页

5.【答案】ABD

【解析】本题考查利润表的编制。以固定资产作为对价取得长期股权投资，应确认"资产处置损益"95 万元，选项 A 正确；盘盈管理用设备一台，2024 年应确认折旧 1 万元，记入"管理费用"科目借方，选项 B 正确；出售生产用设备一台，应确认"营业外支出"7 万元，选项 C 错误；"利润总额"项目的增加额 = 95 - 1 - 7 = 87（万元），选项 D 正确。

【依据】《初级会计实务》第四章第 125、148、151 页

【第 3 题】

1.【答案】AC

【解析】经股东会批准，按股东原出资比例将资本公积 150 万元转增资本，会计分录如下：

借：资本公积　　　　　　　　　　　　　　　　　　　　　150
　　贷：实收资本　　　　　　　　　　　　　　　　　　　　　150

【依据】《初级会计实务》第六章第 205 页

2.【答案】B

【解析】企业接受现金资产投资时，应以实际收到的金额或存入企业开户银行的金额，借记"银行存款"等科目，按投资合同或协议约定的投资者在企业注册资本中所占份额的部分，贷记"实收资本"科目，企业实际收到或存入开户银行的金额超过投资者在企业注册资本中所占份额的部分，贷记"资本公积"科目。

【依据】《初级会计实务》第六章第 202 页

3.【答案】ABD

【解析】法定盈余公积累计额已达注册资本的 50% 时可以不再提取。

【依据】《初级会计实务》第六章第 214 页

4.【答案】ACD

【解析】年度终了，企业应将全年实现的净利润或发生的净亏损，自"本年利润"科目转入"利润分配——未分配利润"科目，按规定提取盈余公积或发放现金股利时，应通过"利润分配""盈余公积""应付股利"等科目核算。

【依据】《初级会计实务》第六章第 215 页

5.【答案】B

【解析】12 月 31 日甲公司"利润分配——未分配利润"科目的期末余额 = 50 + 200 - 200 × 10% - 200 × 30% = 170（万元）。

【依据】《初级会计实务》第六章第 215 页

2025 年度初级资格考试
《初级会计实务》全真模拟试题（七）
答案速查、参考答案及解析

答案速查

一、单项选择题

1. B	2. B	3. D	4. A	5. B
6. A	7. B	8. D	9. B	10. B
11. B	12. C	13. D	14. A	15. B
16. D	17. D	18. C	19. B	20. A

二、多项选择题

1. ABC	2. ABCD	3. ABD	4. ABCD	5. ABC
6. ABC	7. BD	8. ACD	9. ABC	10. ABC

三、判断题

1. ×	2. √	3. ×	4. ×	5. √
6. √	7. ×	8. ×	9. ×	10. ×

四、不定项选择题

第 1 题	1. AD	2. AC	3. ABC	4. AD	5. B
第 2 题	1. BC	2. AC	3. CD	4. ABD	5. B
第 3 题	1. AC	2. BCD	3. C	4. A	5. A

参考答案及解析

一、单项选择题

1. 【答案】B

【解析】会计的监督职能，是对其特定主体经济活动和相关会计核算的真实性、完整性、合法性和合理性进行审查，选项 B 正确，选项 A 错误；会计核算是会计监督的基础，选项 C 错误；会计监督是会计的基本职能，选项 D 错误。

【依据】《初级会计实务》第一章第 3～4 页

2. 【答案】B

【解析】资产类会计科目期初余额 + 本期增加发生额 – 本期减少发生额 = 期末余额，即 8 800 + 本期增加发生额 – 1 200 = 9 600（元），本期增加发生额 = 2 000 元。

【依据】《初级会计实务》第二章第 28 页

3. 【答案】D

【解析】单位负责人是本单位会计信息化工作的第一责任人。

【依据】《初级会计实务》第二章第 56 页

4. 【答案】A

【解析】企业应当按规定进行库存现金的清查，如果发现有待查明原因的现金溢余，应先通过"待处理财产损溢"科目核算，按管理权限经批准后，属于无法查明原因的，计入营业外收入。故选项 A 正确。

【依据】《初级会计实务》第三章第 62 页

5. 【答案】B

【解析】企业购入商品采用售价金额核算，在商品到达验收入库后，按商品售价，借记"库存商品"科目，按商品进价，贷记"银行存款""在途物资""委托加工物资"等科目，按商品售价与进价之间的差额，贷记"商品进销差价"科目。

【依据】《初级会计实务》第三章第 115 页

6. 【答案】A

【解析】同一控制下的企业合并，应以取得被合并方所有者权益相对于最终控制方而言的账面价值的份额作为初始投资成本，因此甲公司对乙企业长期股权投资的初始确认金额 = 3 000 × 80% = 2 400（万元）。

【依据】《初级会计实务》第四章第 123 页

7. 【答案】B

【解析】企业固定资产盘亏净损失应计入营业外支出中，企业清查后应计入营业外支出的金额 = 120 – 12 – 20 = 88（万元）。

【依据】《初级会计实务》第四章第 152 页

8. 【答案】D

【解析】企业无力支付到期银行承兑汇票票款时：

借：应付票据

　　贷：短期借款

【依据】《初级会计实务》第五章第166页

9. 【答案】B

【解析】生产车间管理人员的费用应计入制造费用，基本养老保险费通过"应付职工薪酬"科目核算。

【依据】《初级会计实务》第五章第178页

10. 【答案】B

【解析】委托加工应税消费品，由受托方代收代缴的消费税，收回后用于直接销售的，记入"委托加工物资"科目；收回后用于继续加工的，记入"应交税费——应交消费税"科目。本题中应税消费品收回后用于连续生产，即继续加工，应借记"应交税费——应交消费税"科目，贷记"应付账款"科目，选项B正确。

【依据】《初级会计实务》第五章第190～191页

11. 【答案】B

【解析】年终结转后，"利润分配——未分配利润"科目借方余额反映企业历年累积未弥补的亏损，贷方余额反映企业历年累积未分配的利润，选项B正确。

【依据】《初级会计实务》第六章第215页

12. 【答案】C

【解析】企业的留存收益包括两个：盈余公积与未分配利润，留存收益 = 38 + 32 = 70（万元）。

【依据】《初级会计实务》第六章第213页

13. 【答案】D

【解析】企业以赊销方式对外销售商品，在客户取得相关商品控制权时点确认收入。同时，企业应当在合同开始日，按照各单项履约义务所承诺商品的单独售价的相对比例，将交易价格分摊至各单项履约义务。本题中，由于合同约定，企业在将两种商品全部交付给客户，企业才有权收取全部合同价款。所以，当企业仅交付M商品时，未收取的货款应通过"合同资产"科目核算。因此，企业按合同要求交付M商品应确认的合同资产金额 = 108 × 30 ÷ (30 + 90) = 27（万元）。

【依据】《初级会计实务》第七章第218页

14. 【答案】A

【解析】"合同履约成本"科目借方登记发生的合同履约成本，贷方登记摊销的合同履约成本，期末借方余额，反映企业尚未结转的合同履约成本。主营业务收入、其他业务收入、管理费用均为损益类科目，期末结转"本年利润"后无余额。

【依据】《初级会计实务》第七章第224页

15. 【答案】B

【解析】"营业收入"项目，反映企业经营主要业务和其他业务所确认的收入总额。本项目应根据"主营业务收入"和"其他业务收入"科目的发生额分析填列。因此，甲企业 2024 年利润表中"营业收入"项目的列报金额 = 800 + 300 = 1 100（万元），选项 B 正确。

【依据】《初级会计实务》第八章第 265 页

16. 【答案】D

【解析】选项 A、C 属于现金内部发生的变动，不影响现金流量；选项 B 不影响现金流量。

【依据】《初级会计实务》第八章第 272 页

17. 【答案】D

【解析】直接分配法的特点是不考虑各辅助生产车间之间相互提供劳务或产品的情况，而是将各种辅助生产费用直接分配给辅助生产以外的各受益单位。采用此方法，各辅助生产费用只进行对外分配，分配一次，计算简单，但分配结果不够准确。

【依据】《初级会计实务》第九章第 291 页

18. 【答案】C

【解析】月末在产品的约当产量 = 30 × 40% + 60 × 60% = 48（件）；

单位成本 = 32 160 ÷（220 + 48）= 120（元/件）；

月末在产品成本 = 48 × 120 = 5 760（元）。

【依据】《初级会计实务》第九章第 300 页

19. 【答案】B

【解析】收到从财政专户返还的事业收入时，按照实际收到的返还金额，在财务会计中借记"银行存款"等科目，贷记"事业收入"科目；同时在预算会计中借记"资金结存——货币资金"科目，贷记"事业预算收入"科目。

【依据】《初级会计实务》第十章第 317 页

20. 【答案】A

【解析】单位对外捐赠现金资产的，按照实际捐赠的金额，在财务会计中借记"其他费用"科目，贷记"银行存款""库存现金"等科目；同时在预算会计中借记"其他支出"科目，贷记"资金结存——货币资金"科目。

【依据】《初级会计实务》第十章第 318 页

二、多项选择题

1. 【答案】ABC

【解析】会计职业的特征包括社会属性、规范性、经济性、技术性、时代性。故选项 A、B、C 正确。

【依据】《初级会计实务》第一章第 11 页

2. 【答案】ABCD

【解析】出纳人员每天都需要对库存现金进行清查，单位也应当对库存现金进行定期或不定期的清查。每日业务终了，出纳人员应将库存现金日记账的账面余额与库存现金的实存数进行核对，做到账实相符。库存现金盘点时，出纳人员必须在场，有关业务必须在现金日记账中全部登记完结。现金清查一般由主管会计或财务负责人和出纳人员共同清点各种面值钞票的张数和硬币的个数。盘点后，应根据库存现金盘点结果，编制"库存现金盘点报告表"。

【依据】《初级会计实务》第二章第49页

3.【答案】ABD

【解析】选项C，同一企业不得同时采用成本模式和公允价值模式对投资性房地产进行后续计量。

【依据】《初级会计实务》第四章第129~130页

4.【答案】ABCD

【解析】应付账款是指企业因购买材料、商品或接受劳务供应等经营活动而应付给供应单位的款项，包括价款、增值税以及对方代垫的运费等（选项D）。在材料、商品和发票账单同时到达的情况下，一般在所购材料、商品验收入库后，根据发票账单登记入账，确认应付账款（选项A）。在所购材料、商品已经验收入库，但是发票账单未能同时到达的情况下，企业应付材料、商品供应单位的债务已经成立，在会计期末，为了反映企业的负债情况，需要将所购材料、商品和相关的应付账款暂估入账，待下月月初用红字将上月月末暂估入账的应付账款予以冲销（选项B）。"应付账款"科目的贷方登记应付未付款项的增加，借款登记应付未付款项的减少（选项C）。

【依据】《初级会计实务》第五章第166页

5.【答案】ABC

【解析】发行股票的溢价收入记入"资本公积——股本溢价"科目。

【依据】《初级会计实务》第六章第210页

6.【答案】ABC

【解析】合同履约成本属于企业的资产，不属于损益。

【依据】《初级会计实务》第七章第238页

7.【答案】BD

【解析】选项A计入管理费用，影响营业利润；选项B、D计入营业外收支，不影响营业利润；选项C计入投资收益，影响营业利润。

【依据】《初级会计实务》第八章第265页

8.【答案】ACD

【解析】企业资产负债表中"其他应收款"项目应根据"应收利息""应收股利""其他应收款"科目余额合计数填列。选项A，通过"应收股利"科目核算；选项B，通过"应付股利"科目核算；选项C，通过"应收利息"科目核算；选项D，通过"其他应收款"科目核算。因此，选项A、C、D正确。

【依据】《初级会计实务》第八章第257页

9.【答案】ABC

【解析】采用直接分配法，辅助生产费用直接进行对外分配，无须对内进行分配，选项 A 错误；采用计划成本分配法，辅助生产车间实际发生的费用与分配转出的计划费用之间的差额计入管理费用，选项 B 错误；采用顺序分配法，辅助生产车间受益少的先分配，受益多的后分配，选项 C 错误；采用交互分配法，辅助生产费用需要经过对内和对外两次分配完成，选项 D 正确。

【依据】《初级会计实务》第九章第 291~294 页

10.【答案】ABC

【解析】应付短期政府债券属于政府会计的流动负债；长期借款、长期应付款、应付长期政府债券属于非流动负债，选项 A、B、C 符合题意。

【依据】《初级会计实务》第十章第 311 页

三、判断题

1.【答案】×

【解析】会计职业道德是会计法律制度的重要补充，会计法律制度是会计职业道德的最低要求。

【依据】《初级会计实务》第一章第 12 页

2.【答案】√

【解析】试算平衡，是指根据借贷记账法的记账规则和资产与权益（负债和所有者权益）的恒等关系，通过对所有账户的发生额和余额的汇总计算和比较，来检查账户记录是否正确的一种方法，分为发生额试算平衡和余额试算平衡两种方法。

【依据】《初级会计实务》第二章第 32~33 页

3.【答案】×

【解析】企业为取得交易性金融资产发生的交易费用应计入投资收益。

【依据】《初级会计实务》第三章第 70~71 页

4.【答案】×

【解析】待办理竣工决算后，按照实际成本调整原暂估价值，但已经计提的折旧不用调整。

【依据】《初级会计实务》第四章第 142 页

5.【答案】√

【解析】"长期应付款"科目的贷方登记发生的长期应付款，借方登记偿还的应付款项，期末贷方余额反映企业尚未偿还的长期应付款。

【依据】《初级会计实务》第五章第 199 页

6.【答案】√

【解析】资本公积转增资本为所有者权益内部一增一减，不影响所有者权益总额的变化。

【依据】《初级会计实务》第六章第 205 页

7.【答案】×

【解析】"合同资产"科目核算企业已向客户转让商品而有权收取对价的权利，且该权利取决于时间流逝之外的其他因素（如履行合同中的其他履约义务），而应收账款所代表的收款权利仅取决于时间流逝因素。

【依据】《初级会计实务》第七章第218页

8.【答案】×

【解析】自产自用应税产品应交纳的资源税应借记"生产费用""制造费用"等科目，贷记"应交税费——应交资源税"科目。

【依据】《初级会计实务》第八章第265页

9.【答案】×

【解析】直接分配法的特点是不考虑各辅助生产车间之间相互提供劳务或产品的情况，而将各辅助生产费用直接分配给辅助生产以外的各受益单位。

【依据】《初级会计实务》第九章第291页

10.【答案】×

【解析】政府财务报告是反映政府会计主体某一特定日期的财务状况和某一会计期间的运行情况和现金流量等信息的文件。

【依据】《初级会计实务》第十章第327页

四、不定项选择题

【第1题】

1.【答案】AD

【解析】资料（1）的会计分录：

借：原材料　　　　　　　　　　　　　（360＋5＋1）366
　　应交税费——应交增值税（进项税额）（46.8＋0.45＋0.06）47.31
　　　贷：银行存款　　　　　　　　　　　　　　413.31

【依据】《初级会计实务》第三章第96~99页

2.【答案】AC

【解析】资料（2）的会计分录：

借：应收账款　　　　　　　　　　　　　305.1
　　　贷：其他业务收入　　　　　　　　　　270
　　　　应交税费——应交增值税（销项税额）　35.1

【依据】《初级会计实务》第七章第218页

3.【答案】ABC

【解析】对外销售300千克，从期初结存的材料中领用，单位成本为0.6万元/千克：

借：其他业务成本　　　　　　　　　　　（300×0.6）180
　　　贷：原材料　　　　　　　　　　　　　　180

生产M产品领用600千克，从期初结存的材料中领用，单位成本为0.6万元/千克：

借：生产成本——M产品　　　　　　　　（600×0.6）360

　　　　贷：原材料　　　　　　　　　　　　　　　　　　　　　　　　　360

　　自营建造厂房领用 200 千克，从期初结存的材料中领用 100 千克，单位成本为 0.6 万元/千克；从 5 日购入甲材料中领用 100 千克，单位成本 ＝366÷600 ＝0.61（万元/千克）：

　　　　借：在建工程　　　　　　　　　（100 ×0.6 ＋100 ×0.61）121

　　　　　　贷：原材料　　　　　　　　　　　　　　　　　　　　　　121

　　【依据】《初级会计实务》第三章第 99 页，第四章第 139 页，第七章第 220 页

4.【答案】AD

　　【解析】期末甲材料结存的成本 ＝（600 －100）×0.61 ＝305（万元）；预计可变现净值为 280 万元，甲材料发生减值，减值的金额 ＝305 －280 ＝25（万元）。

　　　　借：资产减值损失　　　　　　　　　　　　　　　　　25

　　　　　　贷：存货跌价准备　　　　　　　　　　　　　　　　　25

　　【依据】《初级会计实务》第三章第 118 ～120 页

5.【答案】B

　　【解析】在会计期末，存货应当按照成本（305 万元）与可变现净值（280 万元）孰低进行计量，所以期末甲材料的账面价值为 280 万元。

　　【依据】《初级会计实务》第三章第 118 ～120 页

【第 2 题】

1.【答案】BC

　　【解析】本题考查无形资产的初始计量——自行研究开发无形资产。会计分录如下：

①每月分配专职研发人员薪酬时：

　　借：研发支出——资本化支出　　　　　　　　　　　60 000

　　　　贷：应付职工薪酬——工资　　　　　　　　　　　　60 000

②每月计提专用设备折旧时：

　　借：研发支出——资本化支出　　　　　　　　　　　2 400

　　　　贷：累计折旧　　　　　　　　　　　　　　　　　　2 400

③确认耗用原材料时：

　　借：研发支出——资本化支出　　　　　　　　　　　96 000

　　　　贷：原材料　　　　　　　　　　　　　　　　　　　96 000

④以银行存款支付咨询费时：

　　借：研发支出——资本化支出　　　　　　　　　　　19 600

　　　　应交税费——应交增值税（进项税额）　　　　　　 1 176

　　　　　贷：银行存款　　　　　　　　　　　　　　　　　20 776

⑤非专利技术完成并形成无形资产：

　　借：无形资产　　　　　　　　　　　　　　　　　 960 000

　　　　贷：研发支出——资本化支出　　　　　　　　　 960 000

选项 B、C 正确。

　　【依据】《初级会计实务》第四章第 156 ～157 页

2. 【答案】AC

【解析】本题考查无形资产的初始计量——自行研究开发无形资产。非专利技术达到预定用途时的会计分录如下：

借：无形资产   960 000
　　贷：研发支出——资本化支出   960 000

选项 A、C 正确。

【依据】《初级会计实务》第四章第 156~157 页

3. 【答案】CD

【解析】本题考查无形资产的摊销。6 月 30 日摊销非专利技术成本的会计分录如下：

借：管理费用   10 000
　　贷：累计摊销   10 000

选项 C、D 正确。

【依据】《初级会计实务》第四章第 157 页

4. 【答案】ABD

【解析】本题考查无形资产的出售和报废。出售专利权的会计分录如下：

借：银行存款   636 000
　　累计摊销   144 000
　　贷：无形资产   720 000
　　　　应交税费——应交增值税（销项税额）   36 000
　　　　资产处置损益   24 000

选项 A、B、D 正确。

【依据】《初级会计实务》第四章第 158~159 页

5. 【答案】B

【解析】本题考查利润表的编制。利润表中"营业利润"项目本期金额增加 = -10 000 + 24 000 = 14 000（元），选项 B 正确。

【依据】《初级会计实务》第四章第 156~159 页

【第 3 题】

1. 【答案】AC

【解析】资料（1），5 月 1 日：

借：应收账款   76 840
　　贷：主营业务收入   68 000
　　　　应交税费——应交增值税（销项税额）   8 840

借：主营业务成本   48 000
　　贷：库存商品   48 000

资料（3），6 月 10 日：

借：主营业务收入   34 000
　　应交税费——应交增值税（销项税额）   4 420

贷：应收账款		38 420
借：库存商品	24 000	
贷：主营业务成本		24 000

【依据】《初级会计实务》第七章第 223 页

2.【答案】BCD

【解析】采用支付手续费委托代销方式下，委托方在发出商品时，商品的控制权并未转移给受托方，委托方在发出商品时通常不应确认销售商品收入，而应在受托方将商品销售给最终客户时确认为销售商品收入，同时将应支付的代销手续费计入销售费用。会计分录为：

借：发出商品	66 000	
贷：库存商品		66 000
借：应收账款	135 600	
贷：主营业务收入		120 000
应交税费——应交增值税（销项税额）		15 600
借：主营业务成本	66 000	
贷：发出商品		66 000
借：销售费用	12 000	
应交税费——应交增值税（进项税额）	720	
贷：应收账款		12 720

【依据】《初级会计实务》第七章第 221 页

3.【答案】C

【解析】主营业务收入 = 68 000 - 34 000 + 120 000 = 154 000（元）。

【依据】《初级会计实务》第七章第 218 页

4.【答案】A

【解析】主营业务成本 = 48 000 - 24 000 + 66 000 = 90 000（元）。

【依据】《初级会计实务》第七章第 230 页

5.【答案】A

【解析】营业利润 = 154 000 - 90 000 - (2 100 + 900) - 6 780 - 4 000 - 12 000 = 38 220（元）。

【依据】《初级会计实务》第七章第 238 页

2025 年度初级资格考试
《初级会计实务》全真模拟试题（八）
答案速查、参考答案及解析

答案速查

一、单项选择题

1. D	2. D	3. A	4. D	5. C
6. A	7. D	8. B	9. B	10. D
11. C	12. A	13. B	14. D	15. A
16. A	17. A	18. D	19. C	20. B

二、多项选择题

1. ACD	2. ABC	3. ABD	4. ABC	5. BD
6. ACD	7. BD	8. AD	9. BCD	10. CD

三、判断题

1. √	2. ×	3. √	4. ×	5. √
6. √	7. ×	8. ×	9. ×	10. ×

四、不定项选择题

第 1 题	1. CD	2. ABCD	3. AC	4. BD	5. B
第 2 题	1. A	2. D	3. AC	4. ABC	5. B
第 3 题	1. C	2. ABD	3. ABCD	4. B	5. B

参考答案及解析

一、单项选择题

1.【答案】D

【解析】会计基本假设包括会计主体、持续经营、会计分期和货币计量。选项 D 符合题意。

【依据】《初级会计实务》第一章第 5～6 页

2.【答案】D

【解析】会计职业道德的相关管理规定包括：（1）增强会计人员诚信意识（选项 A）；（2）建设会计人员信用档案（选项 B）；（3）会计职业道德管理的组织实施（选项 C）；（4）建立健全会计职业联合惩戒机制。

【依据】《初级会计实务》第一章第 13～15 页

3.【答案】A

【解析】选项 B，属于账实核对；选项 C，属于账证核对；选项 D，属于账实核对。

【依据】《初级会计实务》第二章第 46 页

4.【答案】D

【解析】对于因未达账项而使银行对账单和银行存款日记账二者账面余额出现的差额，无须作账面调整，待结算凭证到达后再进行账务处理。故选项 D 正确。

【依据】《初级会计实务》第二章第 49 页

5.【答案】C

【解析】随同商品出售而不单独计价的包装物成本应结转到销售费用。

【依据】《初级会计实务》第三章第 107～108 页

6.【答案】A

【解析】该批原材料的毁损净损失 = 10 000 - 2 000 = 8 000（元），因不可抗力的原因造成原材料毁损的，其购入时确认的增值税进项税额可以进行抵扣，不需要转出。本题会计分录如下：

批准处理前：

借：待处理财产损溢	10 000
贷：原材料	10 000

批准处理后：

借：其他应收款	2 000
营业外支出	8 000
贷：待处理财产损溢	10 000

【依据】《初级会计实务》第三章第 117 页

7. 【答案】D

【解析】可变现净值 = 存货的估计售价 − 至完工时估计将要发生的成本 − 估计的销售费用以及相关税费 = 120 − 25 − 3 = 92（万元）。可变现净值低于成本，按可变现净值计量，应计提存货跌价准备 = 100 − 92 = 8（元）。期初借方余额 12 万元，则当期应计提存货跌价准备 = 8 − 12 = −4（万元）。

【依据】《初级会计实务》第三章第 118 ~ 119 页

8. 【答案】B

【解析】无形资产的账面价值 = 240 − 240 ÷ 120 × (12 + 10) = 196（万元）；减值准备 = 196 − 160 = 36（万元）。

【依据】《初级会计实务》第四章第 157 ~ 158、160 页

9. 【答案】B

【解析】A 公司处置对 B 公司长期股权投资时计入投资收益的金额 = 17 000 − 12 800 + 800 = 5 000（万元）。

【依据】《初级会计实务》第四章第 127 ~ 128 页

10. 【答案】D

【解析】应付股东的现金股利通过"应付股利"科目核算；应收取的包装物的租金通过"其他应收款"科目核算；应付购买工程物资款通过"应付账款"科目核算；收取的包装物押金通过"其他应付款"科目核算。

【依据】《初级会计实务》第五章第 170 ~ 171 页

11. 【答案】C

【解析】本年实现净利润导致未分配利润增加，进而导致留存收益增加；留存收益包括盈余公积和未分配利润，提取法定盈余公积和任意盈余公积为留存收益内部的一增一减，留存收益总额不变。该企业年末留存收益 = 500 + 750 = 1 250（万元），选项 C 正确。

【依据】《初级会计实务》第六章第 215 页

12. 【答案】A

【解析】2024 年第一季度，甲公司根据以往经验估计乙公司全年的采购量将不会超过 2 000 件，甲公司按照 80 元的单价确认收入，满足在不确定性消除之后，累计已确认的收入将极可能不会发生重大转回的要求，因此，甲公司在第一季度确认的收入金额为 12 000 元（80 × 150）。2024 年第二季度，甲公司对交易价格进行重新估计，由于预计乙公司全年的采购量将超过 2 000 件，按照 70 元的单价确认收入，才满足极可能不会导致累计已确认的收入发生重大转回的要求。因此，甲公司在第二季度确认收入 = 68 500 元 [70 × (1 000 + 150) − 12 000]。

【依据】《初级会计实务》第七章第 223 页

13. 【答案】B

【解析】因该项质量保证服务是因乙公司使用不当发生的，不属于法定质保，应作为单项履约义务，将总价款 40 万元在销售空调和提供质量保证服务之间进行分摊。对

于销售空调的交易价格符合收入确认条件，应于 2024 年 11 月 1 日确认收入；对于提供的质量保证服务属于在某一时段内履行的履约义务，应根据履约进度确认收入。

【依据】《初级会计实务》第七章第 228 页

14. 【答案】D

【解析】根据税法规定，符合条件的居民企业之间的股息、红利等权益性投资收益免征企业所得税，要纳税调减；违反环保法规罚款不能在税前扣除，要纳税调增。所以该企业 2024 年所得税费用的金额 = (2 300 − 30 + 10) × 25% = 570（万元）。

【依据】《初级会计实务》第七章第 243 页

15. 【答案】A

【解析】选项 A，存出投资款属于其他货币资金的内容，应在资产负债表"货币资金"项目列示。

【依据】《初级会计实务》第八章第 252 页

16. 【答案】A

【解析】资产负债表中的"应收账款"项目应根据"应收账款"所属明细科目的借方期末余额与"预收账款"所属明细科目的借方期末余额合计数减去"坏账准备"科目期末余额填列。

【依据】《初级会计实务》第八章第 253 页

17. 【答案】A

【解析】燃料费用分配率 = 10 000 ÷ (400 + 600) = 10；

甲产品应分配的燃料费用 = 400 × 10 = 4 000（元）；

乙产品应分配的燃料费用 = 600 × 10 = 6 000（元）。

【依据】《初级会计实务》第九章第 287 ~ 288 页

18. 【答案】D

【解析】采用直接分配法，辅助生产费用直接进行对外分配，无须对内进行分配，选项 A 错误；采用计划成本分配法，辅助生产车间实际发生的费用与分配转出的计划费用之间的差额计入管理费用，选项 B 错误；采用顺序分配法，辅助生产车间受益少的先分配，受益多的后分配，选项 C 错误；采用交互分配法，辅助生产费用需要经过对内和对外两次分配完成，选项 D 正确。

【依据】《初级会计实务》第九章第 291 ~ 294 页

19. 【答案】C

【解析】政府会计的"双报告"是指决算报告和财务报告。

【依据】《初级会计实务》第十章第 313 页

20. 【答案】B

【解析】"本年盈余分配"科目核算单位本年度盈余分配的情况和结果。年末，将"本年盈余分配"科目余额转入"累计盈余"科目。选项 B 正确。

【依据】《初级会计实务》第十章第 323 页

二、多项选择题

1. 【答案】ACD

【解析】常见的自制一次原始凭证包括收料单（选项 A 正确）、领料单、工资结算表（选项 C 正确）、制造费用分配表（选项 D 正确）等；限额领料单属于典型的累计原始凭证（选项 B 错误）。

【依据】《初级会计实务》第二章第 37~39 页

2. 【答案】ABC

【解析】销售商品的运费，应确认为销售费用。

【依据】《初级会计实务》第三章第 76~78 页

3. 【答案】ABD

【解析】外购存货采购成本包括购买价款、相关税费、运输费、保险费、装卸费、入库前的挑选整理费等。选项 C，应当按扣除商业折扣后的金额计入外购存货采购成本。

【依据】《初级会计实务》第三章第 88 页

4. 【答案】ABC

【解析】选项 D，以租赁方式租入的使用权资产发生的改良支出，应计入长期待摊费用。

【依据】《初级会计实务》第四章第 146 页

5. 【答案】BD

【解析】合同约定价值为公允价值，则将合同约定价值作为库存商品入账价值，B 公司实收资本增加 = 60 000 × (1 + 13%) = 67 800（元）。

【依据】《初级会计实务》第六章第 203 页

6. 【答案】ACD

【解析】委托方发出商品时应按成本价记入"发出商品"科目。

【依据】《初级会计实务》第七章第 221 页

7. 【答案】BD

【解析】递延所得税的增加有两种途径：一是增加递延所得税负债，二是减少递延所得税资产。其中递延所得税负债增加记贷方，所以选项 D 正确；递延所得税资产减少记贷方，所以选项 B 正确。

【依据】《初级会计实务》第七章第 242 页

8. 【答案】AD

【解析】支付差旅费 3 500 元，属于"支付的其他与经营活动有关的现金"项目；代扣代缴员工个人所得税 18 300 元，属于"支付给职工以及职工支付的现金"项目；支付专利权研究阶段支出 11 700 元，属于"支付的其他与经营活动有关的现金"；支付短期借款利息 5 000 元，属于"分配股利、利润或偿付利息所支付的现金"；处置报废生产设备取得价款 10 000 元，属于"处置固定资产、无形资产和其他长期资产所收回的现金净额"。经营活动产生的现金流量 = −3 500 − 18 300 − 11 700 = −33 500（元），选项 A 正确；筹资活动产生的现金流量 = –5 000 元，选项 B 错误；投资活动产生的现金流量 =10 000 元，选项 C 错误；现金及现金等价物净增加额 = – 33 500 – 5 000 + 10 000 = –28 500（元），选项 D 正确。

【依据】《初级会计实务》第八章第 273 页

9.【答案】BCD

【解析】对制造业企业而言，一般可设置"直接材料""燃料及动力""直接人工""制造费用"等产品成本项目，选项 B、C、D 正确；生产车间管理人员的职工薪酬可计入产品生产成本，企业行政管理人员的职工薪酬应计入管理费用，选项 A 错误。

【依据】《初级会计实务》第九章第 285 ~ 286 页

10.【答案】CD

【解析】在财政直接支付方式下，对直接支付的支出，单位在收到"财政直接支付入账通知书"时，按照通知书中直接支付的金额，在预算会计中借记"行政支出""事业支出"等科目，贷记"财政拨款预算收入"科目，选项 D 正确；同时在财务会计中借记"库存物品""固定资产""应付职工薪酬""业务活动费用""单位管理费用"等科目，贷记"财政拨款收入"科目，选项 C 正确。

【依据】《初级会计实务》第十章第 315 页

三、判断题

1.【答案】√

【解析】会计职业道德的核心是诚信。

【依据】《初级会计实务》第一章第 11 页

2.【答案】×

【解析】银行已收取的企业当期的借款利息，企业未作付款的账务处理，是未达账项中的银行已付款，企业未付款。

【依据】《初级会计实务》第二章第 49 ~ 50 页

3.【答案】√

【解析】在计划成本法下，购入的材料无论是否验收入库，都要先通过"材料采购"科目进行核算，以反映企业所购材料的实际成本，从而与"原材料"科目相比较，计算确定材料成本差异。

【依据】《初级会计实务》第三章第 102 ~ 104 页

4.【答案】×

【解析】可变现净值的特征表现为存货的预计未来净现金流量，而不是存货的售价或合同价。

【依据】《初级会计实务》第三章第 118 页

5.【答案】√

【解析】投资性房地产是指为赚取租金或资本增值，或两者兼有而持有的房地产，包括已出租的土地使用权、持有并准备增值后转让的土地使用权、已出租的建筑物。

【依据】《初级会计实务》第四章第 128 页

6. 【答案】√

【解析】企业对合同取得成本进行摊销时，借记"销售费用"等科目，贷记"合同取得成本"科目。

【依据】《初级会计实务》第七章第 226 页

7. 【答案】×

【解析】"固定资产"项目应根据"固定资产"科目的期末余额减去"累计折旧"和"固定资产减值准备"科目的金额，以及"固定资产清理"科目的金额填列。

【依据】《初级会计实务》第八章第 255 页

8. 【答案】×

【解析】资产负债表中"未分配利润"项目，应根据"本年利润"和"利润分配"科目期末余额分析计算填列。

【依据】《初级会计实务》第八章第 261 页

9. 【答案】×

【解析】制造费用分配时，如果企业只生产一种产品，月末制造费用直接转入该产品生产成本；如果生产多种产品，应选择合理标准将月末制造费用在车间各种产品之间分配，计入各种产品生产成本。

【依据】《初级会计实务》第九章第 297 页

10. 【答案】×

【解析】按照规定上缴、缴回、单位间调剂结转结余资金产生的净资产变动额，以及对以前年度盈余的调整金额，通过"累计盈余"科目核算。

【依据】《初级会计实务》第十章第 323 页

四、不定项选择题

【第 1 题】

1. 【答案】CD

【解析】甲公司应确认初始投资成本 7 300 万元，当日应享有被投资方可辨认净资产公允价值的份额 = 40 000 × 20% = 8 000（万元），初始投资成本小于享有被投资方可辨认净资产公允价值的份额，因此应调整长期股权投资账面价值，同时确认营业外收入，会计分录为：

借：长期股权投资——投资成本　　　　　　　　　　　7 300
　　贷：银行存款　　　　　　　　　　　　　　　　　　　7 300
借：长期股权投资——投资成本　　　　　　　　　　　700
　　贷：营业外收入　　　　　　　　　　　　　　　　　　700

【依据】《初级会计实务》第四章第 125 ~ 126 页

2. 【答案】ABCD

【解析】甲公司应确认投资收益 = 6 000 × 20% = 1 200（万元）；甲公司应确认其他

综合收益 = 380 × 20% = 76（万元）；2024 年末甲公司长期股权投资账面价值 = 8 000 + 1 200 + 76 = 9 276（万元），甲公司从非关联方取得了乙公司 20% 的有表决权股份，对其财务和经营政策具有重大影响，应采用权益法进行后续计量。

【依据】《初级会计实务》第四章第 126 页

3. 【答案】AC

【解析】甲公司确认现金股利：

借：应收股利	200
贷：长期股权投资——损益调整	（1 000 × 20%）200

甲公司收到现金股利：

借：银行存款	200
贷：应收股利	200

【依据】《初级会计实务》第四章第 127 页

4. 【答案】BD

【解析】被投资单位除净损益、利润分配以外的所有者权益的其他变动，企业按持股比例计算应享有的份额，借记"长期股权投资"科目（其他权益变动），贷记"资本公积——其他资本公积"科目，所以选项 A 错误，选项 B 正确。处置采用权益法核算的长期股权投资时，应按结转的长期股权投资的投资成本比例结转原记入"资本公积——其他资本公积"科目的金额，借记或贷记"资本公积——其他资本公积"科目，贷记或借记"投资收益"科目，所以选项 C 错误。2025 年 12 月 31 日，甲公司长期股权投资的账面价值 = 8 000 + 1 200（投资收益）+ 76（其他综合收益）− 200（宣告发放现金股利）+ 24（所有者权益的其他变动）= 9 100（万元），所以选项 D 正确。

【依据】《初级会计实务》第四章第 127 ~ 128 页

5. 【答案】B

【解析】甲公司处置对乙公司长期股权投资时计入投资收益的金额 = 9 500 − 9 100 + 76 + 24 = 500（万元）。

借：银行存款	9 500
贷：长期股权投资——投资成本	8 000
——损益调整	1 000
——其他权益变动	24
——其他综合收益	76
投资收益	400
借：资本公积——其他资本公积	24
其他综合收益	76
贷：投资收益	100

【依据】《初级会计实务》第四章第 127 ~ 128 页

【第 2 题】

1. 【答案】A

【解析】资料（1）会计分录：

借：应付职工薪酬——工资 69.3

　　贷：银行存款 65.3

　　　　其他应付款——职工房租 2

　　　　　　　　——代垫医药费 0.8

　　　　应交税费——应交个人所得税 1.2

【依据】《初级会计实务》第五章第 173～174 页

2.【答案】D

【解析】甲企业决定发放时：

借：销售费用 45.2

　　贷：应付职工薪酬——非货币性福利 45.2

【依据】《初级会计实务》第五章第 176～177 页

3.【答案】AC

【解析】资料（3）会计分录：

借：销售费用 1

　　制造费用 4

　　　　贷：应付职工薪酬——非货币性福利 5

同时：

借：应付职工薪酬——非货币性福利 5

　　贷：累计折旧 5

【依据】《初级会计实务》第五章第 176～177 页

4.【答案】ABC

【解析】选项 D，车间管理人员工资 10.5 万元应计入制造费用。

【依据】《初级会计实务》第五章第 173～174 页

5.【答案】B

【解析】45.2（资料2）+5－5（资料3）+69.3（资料4）=113.5（万元）。

【依据】《初级会计实务》第五章第 173 页

【第3题】

1.【答案】C

【解析】从净利润中提取盈余公积，利润分配应减少，盈余公积应增加。

【依据】《初级会计实务》第六章第 215 页

2.【答案】ABD

【解析】相关账务处理为：

借：无形资产 250

　　应交税费——应交增值税（进项税额） 15

　　　　贷：实收资本 200

　　　　　　资本公积——资本溢价 65

【依据】《初级会计实务》第六章第 204 页

3.【答案】ABCD

【解析】甲公司在接受丁公司投资之前，"实收资本——乙公司"的金额 = 800 × 60% = 480（万元），"实收资本——丙公司"的金额 = 800 × 40% = 320（万元）；接受丁公司投资后，实收资本总额变为 1 000 万元，乙公司的权益份额 = 480 ÷ 1 000 × 100% = 48%，丙公司的权益份额 = 320 ÷ 1 000 × 100% = 32%，丁公司的权益份额则为 20%。

【依据】《初级会计实务》第六章第 205 页

4.【答案】B

【解析】"未分配利润"项目的"期末余额" = 300（期初）− 20 = 280（万元）。

【依据】《初级会计实务》第六章第 214 页

5.【答案】B

【解析】"所有者权益"项目的"期末余额" = 800 + 100 + 120 + 300（期初）+ 250 + 15 = 1 585（万元）。

【依据】《初级会计实务》第六章第 204 页